Rituels Feel Good

By mon cahier

Intuition

— Linda Diguet —

Illustrations intérieures :
Sophie Delannoy

SOLAR EDITIONS

SOMMAIRE

INTRODUCTION

Imaginez : prendre une décision parce que vous « sentez » que c'est la bonne. Faire confiance à telle ou telle personne parce que, là encore, vous savez, sans trop savoir pourquoi, qu'elle va apporter du bonheur dans votre vie. Ça fait rêver, non ?
Eh bien, non, vous ne rêvez pas ! L'intuition est bel et bien réelle. Même pour vous qui êtes persuadée de ne pas en avoir… Eh oui, l'intuition n'est pas réservée à quelques happy few. C'est une faculté à la portée de tous !

La deuxième bonne nouvelle : vous pouvez apprendre à l'écouter, la développer et plus si affinités.

Souvent comparée à un guide, une boussole, à ceci près qu'elle est unique, intime, personnelle, l'intuition nous indique la voie à suivre. Objectifs : mieux cerner vos besoins, vos envies, vos aspirations profondes, prendre les bonnes décisions et passer à l'action. Cap sur votre bonheur !

Et justement, pour vous sentir (enfin !) libre de suivre votre intuition, nous vous avons concocté un programme sur-mesure en 3 semaines :

- La première semaine pour se mettre à l'écoute de votre intuition, déployer vos sens et écarter ses faux-amis ;
- La deuxième semaine pour s'ouvrir aux signes et aux coïncidences, libérer votre créativité et prendre (encore plus) confiance en vous et votre intuition ;
- Enfin, la troisième semaine pour aller « au-delà » et ressentir les énergies environnantes !

Alors, prête à se (re)connecter à votre intuition et laisser la magie opérer ?

TEST

Quelle intuitive girl êtes-vous ?

Quelle place l'intuition occupe-t-elle dans votre vie ? Y croyez-vous ? L'écoutez-vous ? Savez-vous la reconnaître ? Entourez les réponses qui vous correspondent le mieux et reportez-vous ensuite à votre profil. À vos stylos !

1. Pour vous, l'intuition c'est…

□ Une alliée du quotidien.

○ Un truc mystérieux auquel vous ne comprenez absolument rien.

△ Un must have dont vous êtes assez curieuse.

2. Vous devez prendre une décision importante :

○ Vous pesez le pour et le contre pour trouver la meilleure solution.

□ Vous tirez les cartes. Rien de mieux pour y voir plus clair !

△ Vous ne l'avouerez peut-être pas en public… Vous vous montrez attentive aux signes. Vous ne savez pas trop pourquoi (un peu par superstition, peut-être ?). Toujours est-il que ça vous rassure…

3. La rue est complètement embouteillée, vous décidez…

△ D'attendre. Malheureusement, c'est le seul chemin que vous connaissez.

□ De vous en remettre au hasard. Dès que vous le pourrez, vous tournerez à la prochaine à droite, et en avant l'aventure !

○ De brancher votre GPS. Option : trajet le plus court.

4. Vous rencontrez une nouvelle personne. Elle vous fait mauvaise impression, vous vous dites que…

○ La première impression n'est jamais la bonne.

□ Vous devez vous méfier de cette personne.

△ Vous allez apprendre à la connaître, mais restez sur vos gardes.

5. Lorsque vous visitez un lieu, vous êtes sensible à :

○ L'emplacement, sa proximité avec les commerces, les moyens de transport et autres commodités.

△ L'agencement et la déco (vous êtes toujours à l'affût de nouvelles idées pour embellir votre intérieur !).

□ L'atmosphère et vos sensations. Pour vous, c'est important de vous sentir bien quelque part.

6. Ce matin, vous êtes en retard et votre voiture ne démarre pas. Vous pensez…

△ Ce n'est pas grave. Ça ne vous arrange pas, mais vous restez sereine. Vous allez prévenir que vous êtes en retard. Ensuite, vous trouverez bien une solution.

○ Pourquoi vous ? Et aujourd'hui, en plus ! Il va falloir revoir toute votre organisation de la journée. Ça y est, vous êtes stressée !

□ Ce n'est pas fluide. Vous ne sentez pas cette journée, vous préférez rester chez vous.

7. Vous devinez qui vous appelle avant que le téléphone ne sonne. Comment réagissez-vous ?

○ C'est normal, cette personne devait vous appeler.

△ Coup de chance ! Pour une fois que ça vous arrive…

□ Eh oui, c'est votre intuition qui vous l'a dit !

8. Vous faites un mauvais rêve. Vous vous empressez de…

□ Consulter votre livre sur la signification des rêves.

○ Vous rendormir. Vous voulez être en forme demain matin.

△ Constater que quelque chose vous préoccupe.

9. Vous avez acheté *Mon cahier Rituels feel good Intuition* parce que…

□ Votre intuition vous a déjà énormément aidée, et vous souhaitez la développer.

○ Vous ne savez pas, vous vous en étonnez vous-même.

△ Vous êtes curieuse de découvrir ce qui se cache derrière. Qui sait, ça pourra peut-être marcher sur vous ?

FAITES LES COMPTES !

○	□	△

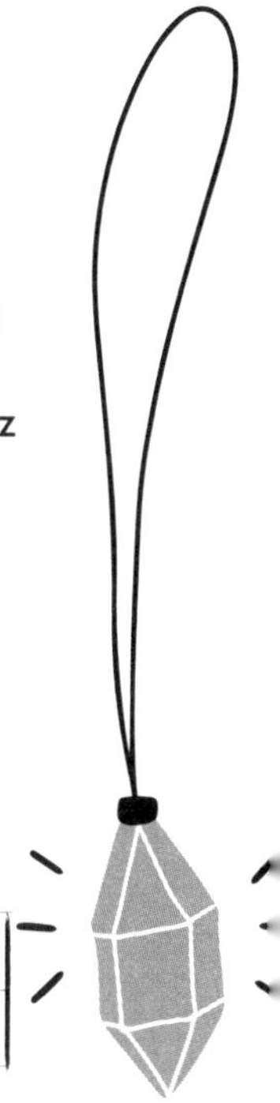

Vous avez une majorité de ○ : *vous êtes plutôt miss logique.*

Vous aimez comprendre ce qu'il se passe et agir de façon concrète. Résultat, vous laissez peu de place à l'intuition. Pourtant, vous en avez (si, si !) et, si vous l'écoutiez, elle pourrait vous éviter de passer trop souvent à côté de vos besoins et envies. Non, l'intuition n'est pas un truc ésotérique bizarre, c'est même très concret puisqu'elle se manifeste dans votre corps ! Alors, faites-vous une raison : faites place à l'intuition ! Ce livre va vous aider (dès la première semaine !) à reconnaître votre sixième sens et, surtout, à l'écouter !

Vous avez une majorité de △ : *vous êtes curieuse et ouverte à l'intuition !*

Peut-être avez-vous, chez vous, des jeux de cartes, CD de méditation guidée ou livres de développement personnel. Vous êtes sans cesse à la recherche de nouvelles idées pour vous inspirer et progresser dans tous les domaines de votre vie. Ça tombe bien, l'intuition en fait partie ! Malheureusement, vous ne savez pas toujours comment l'utiliser et doutez parfois de vos capacités… Et si la solution, c'était de commencer par lui faire confiance ? Ce livre va vous donner toutes les clés pratiques pour prendre confiance en vous et en votre intuition. (C'est tout l'objet de la deuxième semaine !)

Vous avez une majorité de □ : *vous êtes une intuitive girl !*

Connectée à votre intuition, vous savez en repérer les signes. Vous êtes rapidement capable de cerner les gens et les situations pour prendre les bonnes décisions, mais attention : dotée d'une grande sensibilité, vous pouvez parfois vous laisser « happer » par vos émotions et les confondre avec l'intuition. Ce livre va vous montrer comment approfondir ce qui est déjà acquis et aiguiser votre intuition. Place à la magie !

INTUITION IS REAL MAGIC !

Petite voix, sixième sens, boussole intérieure, « feeling », instinct… Autant de mots pour désigner l'intuition. Mais qu'est-ce que c'est, au juste ? Et à quoi ça sert ? À la lumière des dernières recherches scientifiques, d'une approche plus psy et spirituelle (sans oublier la vie d'artiste !), l'intuition n'aura bientôt plus de secret pour vous…

Mais, au fait, l'intuition, c'est quoi ?

La faculté de percevoir, comprendre et agir au mieux, une source d'inspiration, la messagère de notre inconscient, un moyen de faire son « coming out » spirituel… L'intuition, c'est un peu tout ça à la fois, mais c'est surtout un puissant révélateur personnel pour devenir qui nous sommes vraiment !

Un mot énigmatique

D'origine latine, le mot « intuition » est composé de *in* (dans) et *tueri* qui signifie « regarder attentivement ; avoir la pensée fixée sur ». Littéralement, il s'agit de regarder à l'intérieur de soi pour accéder à une connaissance immédiate sans avoir recours à l'expérience ou au raisonnement. Mystérieux, non ?

Une forme d'intelligence… pour tous !

Vous allez être heureuse d'apprendre que l'intuition n'est pas magique, mais tout simplement… logique ! Pour simplifier, et d'après les neurosciences, notre cerveau emmagasine à chaque instant une quantité phénoménale d'informations (pouvant atteindre jusqu'à 1 million de milliards de bits !), dont nous n'avons même pas conscience. Du plus petit détail, comme la couleur des chaussettes de votre voisin de bureau, aux traditionnelles tables de multiplication, notre cerveau classe, trie, analyse, compare entre elles les données, pour nous faire arriver à une conclusion, qu'il garde pour lui, en veille, jusqu'au moment voulu.
D'où une espèce d'intuition : on ne sait pas comment ni pourquoi, mais on sait, c'est tout. Bref, l'intuition serait le résultat de plein de petites infos que vous auriez relevées sans vous en rendre compte. C'est l'intelligence intuitive !

La sœur jumelle de la créativité

N'importe quel artiste vous le dira : intuition et créativité sont liées. Il peut s'agir de la créativité artistique au sens large, comme de la capacité à créer quelque chose de nouveau, de malin, de pratique pour résoudre un problème du quotidien. Dans les deux cas, la créativité nous invite à sortir du cadre et à exprimer notre singularité. En clair, plus on est créative, plus on s'exprime, mieux on se connaît, et plus facilement on se connecte à son intuition. L'inverse est vrai. En développant votre intuition tout au long de ce livre, vous allez vous ouvrir aux symboles, à l'imprévu, et faire le plein d'inspi (de quoi devenir encore plus créative !). Ce n'est pas génial ?

Une porte ouverte sur l'inconscient

D'après le psychiatre Carl Gustav Jung (1875 – 1961), fondateur de la psychologie analytique, l'intuition est la messagère de notre inconscient. À la manière d'un projecteur géant, elle met en lumière nos besoins, nos envies et nos aspirations profondes – tapis dans l'obscurité de notre inconscient –, notamment au travers de nos rêves. Pourquoi ? Pour nous encourager à réaliser nos rêves, nos envies et, surtout, nous mettre sur la voie de notre évolution intérieure. Ça fait… rêver, on peut le dire !

L'inconscient, qu'est-ce que c'est ?
L'inconscient, c'est tout ce qui échappe à notre conscience. Bête noire pour les uns (caverne de nos peurs, de nos hontes, de nos facettes obscures ou de nos traumas), réservoir de ressources et autres pouvoirs cachés pour les autres, l'inconscient profite bien souvent d'une baisse de vigilance de notre part pour s'exprimer par des moyens détournés, comme le lapsus (avez-vous déjà appelé votre mec par le prénom de votre ex ? Oups !), l'acte manqué (du genre, envoyer un mail au mauvais destinataire…), les rêves ou encore… l'intuition. En bref, notre inconscient nous envoie des messages pour nous rappeler à l'ordre et… à nos vrais désirs !

Un puissant révélateur personnel

Vous l'aurez compris : l'intuition nous permet d'accéder à l'intégralité de notre être, notre part consciente comme inconsciente. Elle nous révèle nos besoins, nos envies, nos aspirations profondes, même celles que l'on ne s'avoue pas (eh oui ! elle nous connaît trop bien !), et, surtout, elle nous pousse à l'action. Alors, prête à devenir la femme puissante que vous êtes ?

À quoi ça sert ? 5 bonnes raisons d'être une intuitive girl !

Raison n° 1 : Y voir plus clair

Dans ce monde hyper-stimulant où tout va très vite, on oublie bien souvent de s'écouter. Mais c'est sans compter l'intuition. Toujours là, elle ne demande qu'à s'exprimer. D'ailleurs elle le fait, la plupart du temps sans nous demander notre avis. Subitement, on voit ce qu'on n'avait jamais vu avant, ou ce qu'on ne voulait pas voir. Par exemple, vous êtes amie avec quelqu'un, pourtant, quelque chose vous dit que c'est plus de l'amour que de l'amitié. En bref, elle nous aide à y voir plus clair, en nous-même d'abord, puis sur les autres et les choses !

Raison n° 2 : Prendre les bonnes décisions, faire les bons choix

Faire des tableaux +/- pour être sûre (de sûre !) de prendre la bonne décision, c'est super sur le papier. Mais en vrai ? Il est quasiment impossible de tout traiter par l'intellect. Déjà, parce que nous n'avons pas le temps (sauf si vous avez un délai de réflexion *très très* long), ensuite, parce qu'il y a beaucoup trop de données à rassembler. Et puis, au final, la réponse ne nous semble toujours pas la bonne. La solution ? L'intuition ! Rappelez-vous, elle est en mesure de « capter » tout un tas d'informations et, surtout, elle sait ce qui est bon pour vous, alors laissez-la faire !

Raison n° 3 : Faire émerger de nouvelles idées

Vous avez remarqué ? Même les objets sont devenus « intuitifs » (comprenez par là faciles d'utilisation, pas besoin de réfléchir, on sait tout de suite comment faire). Le pionnier : Steve Jobs. Premier ordinateur équipé d'une souris, bibliothèque musicale, jusqu'à l'incontournable iPhone. Mais d'où lui venaient toutes ses idées ? D'une grande capacité de travail… et de l'intuition ! Faire marcher son intuition, c'est s'ouvrir au « pourquoi pas ? ». Alors, osez, et lancez-vous ! Suivez une piste, un petit éclair d'idée, mûrissez un projet !

Raison n° 4 : Être avertie d'un danger

L'intuition fonctionne à notre insu. Elle est donc capable de déceler le moindre changement dans notre environnement pour nous alerter d'un danger. C'est simplement notre meilleur guide de survie, et le système le plus pratique pour se sortir d'une situation critique (ce n'est pas pour rien qu'on l'appelle aussi *inconscient d'adaptation*).

Raison n° 5 : Trouver sa voie

L'intuition, c'est aussi la voie du cœur. Parce qu'elle court-circuite notre tête pour passer directement par notre corps. Résultat, on se fie à nos « tripes ». « Qu'est-ce qui nous tient à cœur ? » C'est bien souvent la question à laquelle l'intuition répond. Elle nous connecte à ce que l'on aime vraiment, ce qui nous fait du bien, ce dont nous avons besoin au fond de nous : rien de mieux pour se sentir épanouie ! Et comme si ça ne suffisait pas, de satisfaction en satisfaction, elle apporte l'abondance dans notre vie. *Life is magic !*

Le pouvoir des rituels

Se mettre à l'écoute de son intuition et la développer est un entraînement. Pour pratiquer régulièrement et avec plaisir, rien de mieux que les rituels. De simples habitudes ? Pas tout à fait… Les rituels ont bien plus de pouvoir que vous ne l'imaginez ! Le secret ? L'intention et la régularité !

Une seule intention : écouter et développer votre intuition !

Si vous avez ce livre entre les mains, votre intention est claire : vous souhaitez écouter et développer votre intuition. L'intention posée, vous voilà prête à passer à l'action ! Et ça tombe bien : on vous a réservé le meilleur des outils et techniques (corporelles, mentales, sans oublier quelques spiritual touch) pour développer votre intuition. Mais, c'est comme tout, il va falloir de la régularité…

Régularité = effets décuplés !

Pour profiter de tous les bienfaits de ce livre, on vous suggère de considérer sa lecture (et la pratique de ses exercices) comme des rituels à part entière. Qu'est-ce qu'un rituel, au juste ? C'est une suite de pensées ou actions, orientées par une intention (vous l'avez !), à un moment soigneusement choisi. Bingo ! Il ne vous reste plus qu'à choisir votre moment – pour prendre soin de vous et de votre intuition –, de préférence tous les jours et pour les 3 semaines à venir. (Notre petit doigt nous dit que vous allez y prendre goût…)

Le petit conseil en +

À la manière d'un espace sacré que l'on ouvre, ouvrez ce livre. Considérez qu'il s'agit là d'un acte symbolique. Vous êtes désormais hors de l'espace et du temps, dans un endroit qui n'appartient qu'à vous. Vous pouvez aussi disposer à côté de vous, ci et là, des objets qui vous sont chers, allumer une bougie, de l'encens, ou encore inventer une formule magique, du type : « Je déclare mon espace sacré ouvert. » Bref, à vous d'inventer votre propre rituel !
Concentrez-vous alors sur la proposition du jour. Une fois que vous aurez terminé, n'oubliez pas de clore votre espace sacré (que ce soit simplement en refermant ce livre, en éteignant votre bougie, ou en remerciant les énergies environnantes, par exemple).

Rituels + intuition = encore plus de magie !

Ce livre propose chaque jour :
- ▻ 3 rituels illustrés pour vous (re)connecter à votre intuition ;
- ▻ 3 rituels complémentaires : 1 rituel intuitive body pour vous mettre à l'écoute de votre corps et de vos sensations, 1 rituel intuitive mindset pour cultiver le bon état d'esprit et 1 rituel spiritual lifestyle pour vous éveiller à la spiritualité + 1 citation inspirante (à lire, méditer ou prononcer à haute voix).

Dans tous les cas, rappelez-vous que plus vous prêterez attention à ce que vous faites, à ces rituels pour écouter et développer votre intuition, plus vous allez rendre ces moments uniques, précieux et… magiques !

Je me prépare à devenir une intuitive girl !

Avant de partir à l'aventure, il est important de se préparer et de faire le point. D'où partez-vous ? Où souhaitez-vous aller ? Prenez quelques instants pour bien préparer votre voyage vers une vie plus intuitive et épanouie.

Boussole, mode d'emploi

Puisqu'elle nous permet de distinguer nos besoins ainsi que nos envies profondes, puisqu'elle nous avertit d'un danger ou désigne une opportunité, l'intuition est un guide, c'est pourquoi elle est souvent comparée à une boussole, à la différence près qu'elle est unique, intime, personnelle. Et heureusement, puisqu'elle indique la voie à suivre pour accéder à votre propre bonheur !
En reprenant la métaphore de la boussole, on vous invite dès maintenant à faire un petit état des lieux de votre intuitivité afin de vous motiver et de vous montrer la direction d'une vie magique !

Étape 1 : Je dégomme mes idées reçues sur l'intuition

Prenez quelques minutes. Installez-vous confortablement, fermez les yeux et laissez venir à votre esprit toutes les pensées et croyances négatives que vous pouvez avoir sur l'intuition. Puis, ouvrez les yeux et notez librement tout ce à quoi vous avez pensé. Vous pouvez aussi utiliser les deux débuts de proposition ci-dessous. Laissez parler votre spontanéité :

Selon vous, l'intuition, c'est…

1. ……………………………………………………………………………………
2. ……………………………………………………………………………………
3. ……………………………………………………………………………………

L'intuition, ce n'est pas…

1. ....

2. ....

3. ....

→ Bravo ! Vous venez d'effectuer votre premier « réglage ». En supprimant toutes ces pensées parasites (qui brouillent le signal !), vous allez plus facilement pouvoir prendre ou reprendre contact avec votre intuition.

Étape 2 : Je prends conscience de mon potentiel !

Pour être plus consciente du rôle de l'intuition dans votre vie, notamment lorsque vous prenez des décisions, répondez à cette petite série de questions intuitives.

Prouvé par la science !
L'humeur du jour ou l'environnement (être dans un endroit calme ou pas, par exemple) influencent directement les réponses à ce type de questions. Alors, n'hésitez pas à prendre une profonde inspiration avant de commencer.

La dernière fois que j'ai eu une intuition, c'était :

Dans quelles circonstances ? Que s'est-il passé ?

....

Qu'ai-je ressenti à ce moment-là ?

....

Qu'est-ce que j'ai fait à ce moment-là ?

....

Qu'ai-je pensé à ce moment-là ?

....

Que s'est-il passé après coup ?

....

→ L'idée ? Comprendre que vous avez vécu beaucoup plus d'expériences intuitives que vous ne le pensez, voire, parfois, peut-être vous direz-vous : « J'ai bien fait de m'écouter ». Parfait ! Continuez sur cette belle lancée !

Étape 3 : Je prends confiance en mon intuition

À combien évaluez-vous votre degré de confiance en votre intuition ? Déterminez votre position sur la boussole !

→ Quel que soit votre degré actuel de confiance, laissez-vous guider par ce livre… et refaites cet exercice un peu plus tard, quand vous vous serez approprié plusieurs techniques ou petits rituels du quotidien pour développer votre intuition. Votre confiance en vous et en votre intuition aura peut-être fait un (grand) bond en avant !

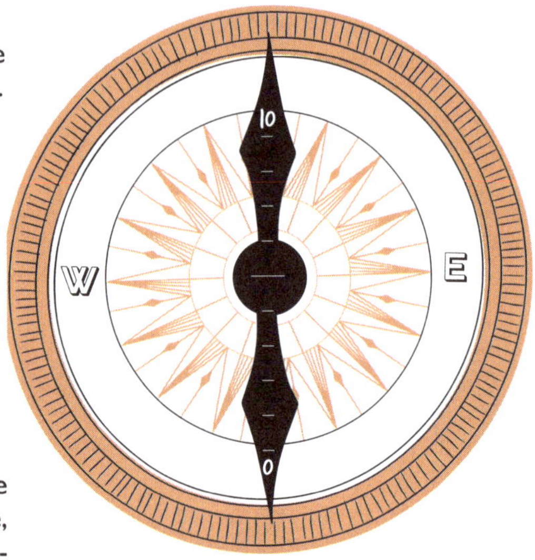

Étape 4 : Je mets le cap sur mon bonheur !

Où est la carte ? Où est la carte ? Ce serait bien, une carte toute tracée, destination Bonheur ! Quoique, certains sages affirment que ce n'est pas tant la destination qui compte que le chemin… Nous n'avons pas de carte, tout ce que l'on sait (et c'est déjà beaucoup !), c'est que votre bonheur se trouve à mi-chemin entre celle que vous êtes et celle que vous pourriez devenir. Le bonheur n'est donc pas un but inatteignable. Vos intuitions sont justement des panneaux d'indication, en quelque sorte, pour vous aider à prendre les bonnes décisions, pour orienter vos actions, bref, pour vous « aiguiller » dans la bonne direction. Alors mettez le cap sur votre bonheur !

SEMAINE 1

Je dégrippe LA BOUSSOLE !

C'est parti pour votre première semaine de rituels ! Au programme : découvrir l'intuition sous toutes ses formes, reprendre contact avec votre corps (on verra que tout passe par lui !) et réveiller tous vos sens, sans exception, pour accéder à votre sixième sens qui n'est autre que… l'intuition !

Entre-temps, on vous aidera aussi à débusquer les ennemis de votre petite voix intérieure (la peur, les conditionnements, le pessimisme), ou encore ses faux-amis, qui peuvent facilement vous induire en erreur sur le chemin de son apprentissage… En route !

Lundi

L'INTUITION SOUS TOUTES SES FORMES

L'intuition se présente sous différentes formes qui peuvent se combiner entre elles, offrant ainsi un infini de possibilités. Encore faut-il la repérer.

L'intuition-impression

Avez-vous déjà ressenti un danger, et ce, sans raison apparente ? Alors, vous avez expérimenté l'intuition-impression. C'est la forme le plus courante de l'intuition. Son apparition peut provoquer une sensation de gêne, de malaise ou de crainte.

L'intuition-impulsion

Comme son nom l'indique, l'intuition-impulsion pousse à l'action. Vous avez soudain envie, besoin de faire quelque chose… Par exemple : vous décidez de changer de trottoir et tombez nez à nez avec une vieille connaissance. Quelle chance !

L'intuition-information

Tout à coup, une information vous parvient. Elle peut prendre la forme d'une image, d'une couleur, d'un son, de la fameuse petite voix qui vous dit : « Vas-y ! » ou « Méfie-toi »… L'intuition nous donne alors une information clé dont nous allons avoir besoin.

L'intuition-insight

C'est là où tout s'éclaire ! Vous avez tourné le problème dans tous les sens, vous n'avez pas trouvé de solution. Et pourtant… Alors que vous êtes occupée à faire complètement autre chose, la solution vous apparaît comme par magie. C'est l'intuition-insight, d'où son petit nom : « illumination ».

L'intuition-transmission de pensées

Encore controversée, l'intuition-transmission de pensées, autrement appelée télépathie, serait un moyen de communiquer avec une autre personne par la pensée, d'inconscient à inconscient.

Lettre à mon intuition

Commencez par écrire une lettre à votre intuition. Qu'aimeriez-vous lui dire ? Comment souhaitez-vous qu'elle vous accompagne ces trois prochaines semaines et au-delà ? À vos plus beaux stylos !

Chère intuition

Mon intuition map

Aujourd'hui, et chaque jour désormais, soyez attentive à vos impressions, impulsions, informations, illuminations ou transmission de pensées. Peut-être allez-vous vous apercevoir que votre intuition privilégie certaines formes à d'autres. Et repérez comment elle se traduit dans votre corps. En listant les messages envoyés par votre intuition et les manifestations corporelles de celle-ci, vous allez vous familiariser avec elles et saurez plus facilement les reconnaître !

Transmission de pensées

C'était quand ....

C'était quand ....

Qu'ai-je ressenti ?

Dans mon corps

....

....

....

Dans ma tête

....

....

....

Dans mon cœur

....

....

....

Mon

Illuminations

C'était quand ....

C'était quand ....

Qu'ai-je ressenti ?

Dans mon corps

....

....

....

Dans ma tête

....

....

....

Dans mon cœur

....

....

....

Impressions

C'était quand ....
C'était quand ....

Qu'ai-je ressenti ?

Dans mon corps

Dans ma tête

Dans mon cœur

Intuition

Impulsions

C'était quand ....
C'était quand ....

Qu'ai-je ressenti ?

Dans mon corps

Dans ma tête

Dans mon cœur

Informations

C'était quand ....
C'était quand ....

Qu'ai-je ressenti ?

Dans mon corps

Dans ma tête

Dans mon cœur

Mes rituels bonus

Intuitive body

J'ouvre mon cœur !

Prenez une longue inspiration durant 5 secondes, puis expirez lentement, toujours sur une durée de 5 secondes, et recommencez l'exercice 3 à 5 minutes environ. Sentez votre corps se détendre, vos émotions s'apaiser et votre rythme cardiaque s'harmoniser avec votre respiration. Rien de tel pour faciliter l'apparition d'intuitions ! Si vous le souhaitez, vous pouvez même visualiser de la lumière dorée émaner de votre cœur, de votre corps, qui vous fait… rayonner !

Intuitive mindset

Jeu des devinettes

Vous êtes invitée à une soirée et ne connaissez pas grand monde… Plutôt que de vous morfondre dans votre coin, profitez-en pour observer les gens. Faites des pronostics (il ou elle pourrait travailler dans tel secteur, être en couple avec untel ou unetelle…) et vérifiez subtilement si vous le pouvez vos intuitions. Ont-elles pris la forme d'impressions ou d'informations ? Comment se sont-elles manifestées ?

Spiritual lifestyle

Mon journal ou carnet d'intuition

Commencez dès à présent à tenir votre journal ou carnet d'intuition. L'idée ? Consigner par écrit toutes les (magnifiques, surprenantes, déroutantes) expériences intuitives que vous allez vivre à compter… d'aujourd'hui ! Le but ? Prendre ou reprendre contact avec votre intuition, vous rendre compte à quel point elle peut être puissante, efficace et pertinente, et mesurer vos progrès.

« Ayez le courage de suivre votre cœur et votre intuition.
L'un et l'autre savent ce que vous voulez réellement devenir.
Le reste est secondaire. »

Steve Jobs

Mardi

MON CORPS, MON AMI

Certaines d'entre nous considèrent leur corps comme une machine, s'en servant tout le temps à plein régime. D'autres espèrent le « façonner », lui donner telle ou telle forme, pour répondre à certains critères de beauté. Résultat, notre corps ne nous appartient plus ! À partir du moment où notre corps cesse d'être considéré comme une machine ou un objet, il devient notre meilleur ami… et un vecteur d'intuition !

L'intuition se signale dans le corps

Quelle que soit sa forme, l'intuition passe par notre corps. Nausées, intestins noués, mains moites, picotements, rythme cardiaque qui s'accélère… mais aussi sensation de bien-être et de légèreté. Ce sont autant de signaux qu'elle nous envoie ! Alors, prête à vous mettre à l'écoute de votre corps, et de votre intuition par la même occasion ?

C'est décidé, j'habite mon corps !

Cela peut paraître bizarre, dit comme ça… Pourtant, ce n'est pas si simple. Habiter son corps, c'est passer de l'image que l'on en a à ce que l'on ressent. C'est revenir à soi. Mon corps a-t-il chaud ou froid, faim ou soif ? Autant de questions qui vous permettront de vous reconnecter à lui, d'être en pleine conscience. Ainsi, plus vous serez attentive à vos sensations, plus vous saurez capter les signes de votre intuition à travers lui.

Je serai ta meilleure amie

Plus vous allez apprendre à aimer votre corps et à le chouchouter – par une alimentation équilibrée, la pratique d'une activité physique régulière, une bonne qualité de sommeil… –, plus vous allez vous le réapproprier, mieux l'écouter et le comprendre. Résultat, vous allez de plus en plus percevoir les messages que votre intuition vous transmet à travers lui. C'est pas merveilleux ?

Miroir, mon beau miroir

L'un des premiers rituels pour se réapproprier son corps est de se regarder nue face à un miroir. Que voyez-vous et, surtout, qu'aimez-vous chez vous ? Vos cheveux, votre bouche, vos fesses, peut-être. Bref, concentrez-vous sur vos attraits : vous en avez plein ! Vous réconcilier avec votre corps est la première étape pour se reconnecter à lui et permettre à votre intuition de se manifester à travers lui !

J'aime chez moi...

(Listez les zones en question !)

Mon rituel self-love physiognomonie

La physiognomonie est l'art de lire le visage. Eh oui, il existe des « liseurs de visages » ! Et vous pouvez, vous aussi, si vous le souhaitez, apprendre à décrypter les grands traits de votre visage. À la clé : vous réapproprier votre corps pour mieux vous connaître et votre intuition avec !

OREILLES

- Grandes oreilles, avec de longs lobes (comme Bouddha) = Beaucoup d'énergie !
- Petites = Prudence

Leurs autres caractéristiques :

Ce que cela pourrait dire de moi :

- ------------------------
- ------------------------

YEUX

- Grands yeux = Cœur ouvert (et donc, plus vulnérable)
- Petits yeux = Sur la retenue

Leurs autres caractéristiques :

Ce que cela pourrait dire de moi :

- ------------------------
- ------------------------

FRONT

- Front bas = Personnalité pratique
- Front haut = Personnalité intellectuelle

Leurs autres caractéristiques :

Ce que cela pourrait dire de moi :

- ------------------------
- ------------------------

Mon rituel body love

Connectez-vous à votre corps et donnez-lui de l'attention avec un gommage tout coco ! En bonus, vous allez vous débarrasser des peaux mortes, stimuler votre circulation sanguine et redonner à votre peau tout l'éclat qu'elle mérite.

50 G D'HUILE DE COCO

+

50 G DE SUCRE
(BLANC POUR UN GOMMAGE DOUX, ROUX POUR UN GOMMAGE PLUS EN PROFONDEUR)

+

10 GOUTTES D'HUILE ESSENTIELLE DE VOTRE CHOIX : PAMPLEMOUSSE, GÉRANIUM...

Appliquez votre gommage à la main ou au gant en faisant de petits mouvements circulaires sur votre peau humide. Vous pouvez l'utiliser aussi bien pour le corps que le visage. Enfin, rincez abondamment.

Mes rituels bonus

Intuitive body

Massez-vous (ou faites-vous masser)

Un corps dont on prend soin le rend bien. Alors chouchoutez-vous ! Comment ? En vous massant, ou en vous faisant masser. Que ce soit le matin, en vous enduisant le corps de crème hydratante, ou le soir, après une dure journée de travail, pour vous délasser. Bref, à vous de trouver la formule qui vous convient le mieux afin de cultiver le lien à votre corps !

Intuitive mindset

To-be list

Aujourd'hui, transformez votre to-do list en to-be list ! Concrètement, qu'est-ce que cela veut dire ? Au lieu de vous concentrer sur tout ce que vous avez à faire, attardez-vous sur ce que vous voulez être (une personne plus responsable ? Plus fun ? Moins timide ?) et comment vous aimeriez l'incarner. À vous d'identifier les gestes ou attitudes que vous pourriez dès à présent adopter pour que votre corps soit en phase avec votre esprit. Et, ainsi alignée, vous serez plus à l'écoute des signes de l'intuition dans votre corps.

Spiritual lifestyle

Bye-bye, mode automatique !

Le soir, au moment du coucher, repassez-vous le film de votre journée. Y a-t-il des moments que vous avez vécus en mode quasi automatique, sans être vraiment présente, prise dans vos pensées ? Auquel cas, visualisez-les et reprogrammez-les pour le lendemain avec l'objectif cette fois d'être pleinement attentive à ce qui se passe, à ce que vous ressentez et… d'habiter votre corps.

« Fais du bien à ton corps pour que ton âme ait envie d'y rester. »

Proverbe indien

Mercredi

MES SENS EN ÉVEIL

Petite voix, étincelle de magie personnelle, boussole intérieure… L'intuition ne manque pas de petits noms, dont le fameux « sixième sens ». Pourquoi ? Parce qu'elle est justement la somme des 5 autres ! Alors réveillez tous vos sens !

Je réveille mes sens !

L'intuition se manifeste à travers nos 5 sens. Oui, mais voilà, sans le savoir, nous avons tendance à privilégier l'un d'eux au quotidien. C'est ce qu'on appelle notre sens dominant. Et c'est justement celui que l'intuition va choisir pour s'adresser à nous ! En effet, 60 % d'entre nous sont visuelles, 35 % auditives et seulement 5 % kinesthésiques (mot compliqué pour désigner tout ce qui est en rapport avec le toucher et plus largement, le mouvement du corps). Une petite idée de votre sens de prédilection ? Pas vraiment ?

La vue, l'ouïe et le toucher…

Si vous êtes visuelle, vous accordez une grande importance à ce que vous voyez (vous êtes observatrice). Résultat, vous serez plus réceptive à des intuitions du type flashs ou images. Si vous êtes auditive, vous serez sensible aux sons, à la musique, au choix des mots, aux intonations de voix, aux atmosphères sonores. Aussi, votre intuition est-elle susceptible de prendre la forme d'une « petite voix » ou d'une impression sonore. Enfin, pour les kinesthésiques, vous avez besoin de contact, au sens propre comme au figuré. Avouez-le, vous êtes plutôt tactile. Nous vous encourageons à développer votre super-sensibilité pour capter tous les messages de votre intuition (souvent sous la forme d'impulsions ou d'impressions).

… sans oublier le goût et l'odorat : un super-combo intuitif !

Quel que soit votre sens dominant, n'oubliez pas de stimuler TOUS vos sens. Ce sont autant de moyens de vous connecter à votre corps et ainsi d'accéder à votre intuition. Alors, n'hésitez pas à développer votre goût (en prenant l'habitude de manger en pleine conscience par exemple) ou votre odorat (seul sens qui ne vieillit pas !). Objectif : devenir une super-senses girl !

Mon rituel body scan

L'idée ? Parcourir votre corps de la tête aux pieds pour repérer d'éventuelles zones de tensions. Objectif : vous mettre à l'écoute de votre corps et de vos sensations ! Commencez par vous allonger, jambes parallèles, les bras le long du corps, paumes vers le ciel, ou restez en position assise si vous préférez. Fermez les yeux et explorez…

SUR MON VISAGE, JE SENS…

Exemple : une détente, certains traits de mon visage crispés…

DANS MES ÉPAULES, MON COU, MA MÂCHOIRE, JE SENS…

Exemple : une légère tension, de la raideur ou, au contraire, de la souplesse…

DANS MES MAINS, MES BRAS, MA POITRINE, JE SENS…

Exemple : un relâchement…

DANS MON BASSIN, MON VENTRE, MON DOS, JE SENS…

Exemple : une petite douleur, des gargouillis…

DANS MES PIEDS, MES MOLLETS, MES CUISSES, JE SENS…

Exemple : une sensation de chaleur, des picotements…

Mon mandala du 3e œil

Utilisé dans certains rites et pratiques méditatives, le mandala – un dessin à la forme circulaire – est un formidable outil pour se reconnecter à soi (et donc, à son intuition !). Coloriez ce mandala du centre vers l'extérieur, avec toutes les couleurs de votre choix, pour développer votre sens artistique, et, au-delà, élargir votre vision et ouvrir votre intuition !

Ma playlist éclectique

Un bon moyen pour développer son « oreille » ? Écouter de la musique ! Lancez votre playlist préférée et exercez votre oreille en tentant de distinguer chaque instrument de musique. Plus vous vous exercerez, plus vous développerez votre ouïe et vos 5 sens en général, pour permettre au sixième, l'intuition, d'émerger plus aisément !

J'ENTENDS

J'ENTENDS

J'ENTENDS

J'ENTENDS

J'ENTENDS

MES RITUELS BONUS

Intuitive body

Entraînement de vos 5 sens

L'un des grands classiques de la méditation de pleine conscience est l'exercice du grain de raisin. Contrairement à notre habitude, où nous mangeons trop vite, sans faire attention, l'idée est d'en apprécier toutes les composantes : du goût à la texture, en passant par tous ses détails, comme la couleur, les rugosités, ou encore les petits bruits qu'il fait sous la dent. Bref, le savourer, d'autant que c'est parfait pour développer votre super-goût, votre super-toucher (via la texture), votre super-odorat et votre super-vision (quand vous observez sa forme et sa couleur) ! Essayez avec un grain de raisin ou l'aliment de votre choix !

Intuitive mindset

Top chrono, c'est parti !

Programmez votre montre ou votre téléphone portable afin qu'une alarme se déclenche toutes les 3 à 4 heures pour examiner mentalement votre corps. Que ressentez-vous ? Dans quelle(s) partie(s) de votre corps ? Y a-t-il un message plus profond ? N'hésitez pas à poser directement la question à votre corps : il vous répondra !

Spiritual lifestyle

Pratiquez l'asymétrie !

Pour aller plus loin et entraîner toujours plus votre cerveau à jongler d'un sens à l'autre, privez-vous momentanément de l'un de vos sens ou pratiquez l'asymétrie ! Par exemple, si vous dormez toujours du côté droit du lit, optez pour le côté gauche. De même, si vous êtes gauchère, amusez-vous à écrire votre prénom (ou tout autre mot) de la main droite. Vos sens vont s'en trouver déstabilisés un court instant, puis l'un d'eux va compenser cette absence et créer de nouvelles connexions dans votre cerveau. De quoi renforcer vos perceptions sensorielles !

> « Les choses de l'esprit qui ne sont pas passées par les sens sont vaines. »
>
> LÉONARD DE VINCI

Jeudi

Intuition v/s enemies

Wanted : la peur, les conditionnements, le pessimisme. Ce sont les 3 ennemis de notre intuition. Ils brouillent son signal, voire l'annihilent… Rassurez-vous : on peut les mettre hors d'état de nuire ou, du moins, limiter leurs effets. Comment ? En apprenant à les repérer.

Ennemi n° 1 : La peur

Peur de ne pas avoir d'intuition, d'en avoir, de se fier à elle… Autant de peurs qui peuvent nous empêcher de mener une existence intuitive. D'où la nécessité de les repérer pour mieux les dépasser. En tout cas, une chose est sûre : vous avez de l'intuition, comme tout le monde ! Il suffit d'en prendre conscience et d'apprendre à l'écouter.

Ennemi n° 2 : Les conditionnements

Les conditionnements, c'est l'ensemble des éléments, de l'éducation en passant par les phrases régulièrement répétées, aux expériences vécues – bonnes ou mauvaises –, qui ont une incidence sur nos comportements, pensées ou actions. Résultat, si l'on s'est souvent moqué de vous lorsque vous prononciez le mot « intuition », si l'on vous a dit que c'était bizarre, il y a de grandes chances pour que vous l'ayez associé au rejet et ne lui accordiez que peu d'importance aujourd'hui. Grave erreur !

Ennemi n° 3 : Le pessimisme

« Je n'ai pas d'intuition », « Je pense que mon intuition n'est pas "bonne" »… Eh bien, c'est faux, archi-faux ! Vous faites preuve de pessimisme. L'intuition est une perception. En cela, elle n'est ni bonne ni mauvaise. Elle est juste ce que vous ressentez à un instant T. Cela dit, on peut mal l'interpréter. Grâce à notre super programme de 3 semaines, vous allez découvrir comment distinguer votre petite voix intérieure de celle de la peur, d'une rationalisation excessive, ou encore de vos désirs !

Portraits de famille

Tout comme les croyances populaires, l'avis de vos parents ou amis sur l'intuition a pu façonner la perception que vous avez d'elle. Aussi, pour chacun d'eux, demandez-vous : quelle importance accorde-t-il (ou elle) à l'intuition ? Certains se proclament-ils « intuitifs » ? Peut-être même vous ont-ils déjà encouragée à suivre votre intuition… Certains sont-ils méfiants (« C'est un truc ésotérique bizarre ») voire méprisants ? En notant toutes vos observations, vous allez être capable d'identifier ce qui « conditionne » votre relation à l'intuition et le remplacer, petit à petit, par vos propres croyances issues de vos expériences intuitives.

Grand-mère

L'image qu'elle a
de l'intuition (et pourquoi) :

Grand-père

L'image qu'il a
de l'intuition (et pourquoi) :

Oncle ou tante

L'image qu'il/elle a
de l'intuition (et pourquoi) :

Oncle ou tante

L'image qu'il/elle a
de l'intuition (et pourquoi) :

Oncle ou tante

L'image qu'il/elle a
de l'intuition (et pourquoi) :

Maman

L'image qu'elle a
de l'intuition (et pourquoi) :

Par ici la sortie !

Vous êtes pessimiste ? Vous ne faites pas confiance à votre intuition ? Recensez toutes vos peurs et vos pensées pessimistes en bas de page (chacune correspondant à un pictogramme). Selon vous, quelles seraient leurs antidotes ?
Ensuite, entrez dans le labyrinthe et esquivez chacun des obstacles pour retrouver la sortie !

Les obstacles

- ....
- ....
- ....
- ....
- ....

Les antidotes

Vous avez peur de ne pas avoir d'intuition ?
→ J'en ai, comme tout le monde ! Il suffit que je m'entraîne à l'écouter.
Vous avez peur de ne pas être prise au sérieux en partageant une intuition ?
→ Je choisis à qui j'en parle (du moins, pour commencer).

....
→ ....
....
→ ....

Mes rituels bonus

Intuitive body

Respiration(s)

Un excellent moyen de surmonter une peur ou toute autre situation stressante est la respiration. Gonflez bien vos poumons et observez. En dilatant votre cage thoracique, vous allez faire de la place à ce qui se passe à l'intérieur de vous. Or, rappelez-vous : c'est aussi la première condition pour se connecter ou se reconnecter à son intuition !

Intuitive mindset

Mon rituel pour réduire le mental !

Le mental prend souvent le pas sur l'intuition. Résultat, nous nous retrouvons coincées dans le passé (bonjour regrets, remords et ruminations !) ou dans le futur, avec des projections anxiogènes. Un exercice simple et pratique pour réduire le mental et redonner toute sa place à votre intuition : remémorez-vous une épreuve traversée avec succès, seule ou à plusieurs. Vous allez prendre confiance en l'avenir et mettre la peur hors d'état de nuire !

Spiritual lifestyle

Ma mini-méditation du silence

La méditation est un formidable outil pour se mettre à l'écoute de son silence intérieur. Si vous le pouvez, profitez d'une vue dégagée. Installez-vous confortablement et regardez le ciel. Comment est-il ? Bleu, légèrement nuageux, peut-être va-t-il virer au gris… Observez la valse des nuages. Ils ne font que passer, tout comme nos pensées… Libérée de tout bruit mental, vous serez plus à l'écoute de vous-même et de vos intuitions. Elles pourraient même pointer le bout de leur nez pendant votre méditation !

« Le courage n'est pas l'absence de peur, mais la capacité de la vaincre. »

Nelson Mandela

Vendredi

Premières intuitions

Maintenant que vous êtes devenue une super-senses girl (vous connaissez votre sens de prédilection et, en plus, vous avez pu vous entraîner à développer vos autres sens), vous allez recevoir des messages. Vous en receviez certainement déjà avant, mais faute de les écouter, vous êtes peut-être passée à côté… Désormais, on vous sensibilise à 3 faux-amis (il ne faudrait pas prendre pour une intuition ce qui n'en est pas !) : les interprétations, les émotions et les opinions.

Faux-ami n° 1 : les interprétations

Imaginez : vous rencontrez une nouvelle personne et vous ne la « sentez » pas. Très rapidement, vous en venez à l'idée qu'il ou elle est un menteur, un manipulateur… Bref, vous vous faites des films : vous interprétez ! L'interprétation est une forme de raccourci entre une intuition de départ et une envie irrésistible de trouver une explication. Résultat, nous « collons » des explications toutes faites sur nos intuitions, au risque d'en détourner le sens premier. Alors, ne réfléchissez pas trop et revenez aux sources de votre intuition : votre ressenti.

Faux-ami n° 2 : les émotions

Il n'y a pas d'émotion sans intuition, et vice versa. En clair, l'émotion est une conséquence de l'intuition. « J'ai perçu quelque chose et je réagis. » Elle nous met donc sur sa piste. Mais il est aussi très facile de confondre une émotion avec son intuition. Exemple : vous avez « l'intuition » qu'il ou elle vous trompe. Est-ce que ce n'est pas votre peur d'être trompée ou quittée qui s'exprime ? Si vous avez toujours eu cette peur, il est bien possible que votre intuition n'en soit pas une !

Faux-ami n° 3 : les opinions

En règle générale, l'émotion précède l'opinion. Exemple : vous voyez les images d'un crash aérien à la télé (perception), vous avez peur (émotion), vous vous dites « prendre l'avion est dangereux » (opinion). Un peu plus tard, vous partez en vacances. Au moment de monter dans l'avion, vous avez un affreux pressentiment : il va se crasher, c'est sûr ! Intuition ou pas ? L'opinion est inévitable. Il faut donc se méfier des pensées en cascade…

Mon détecteur de (fausse) intuition

À partir d'aujourd'hui, à chaque fois que vous pensez avoir une intuition, passez-la au crible de ces quelques affirmations pour connaître sa vraie nature ! Intuition ou interprétation ?

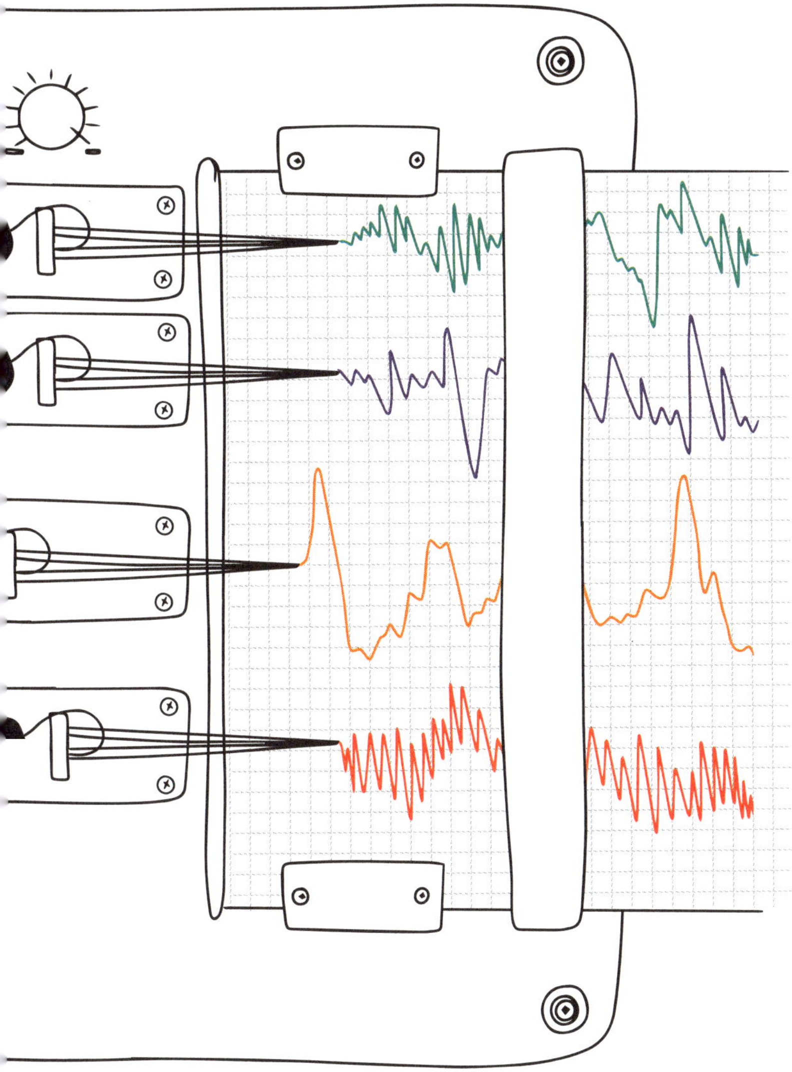

Mon intuition semble venir de « nulle part » :

☐ VRAI ☐ FAUX

Je ne sais pas comment je sais, mais je sais :

☐ VRAI ☐ FAUX

Ce n'est pas très clair...
(par opposition à une image de « carte postale », ou une idée très précise que l'on pourrait se faire, l'intuition est souvent fugace et partielle) :

☐ VRAI ☐ FAUX

Si je suivais mon intuition, je me rapprocherais de ce que j'aime vraiment :

☐ VRAI ☐ FAUX

Toutes les affirmations ci-dessus sont les indices d'une vraie intuition. Si vous totalisez un ou plusieurs « Faux », ça vaudrait le coup de regarder de plus près : il se peut que cette intuition n'en soit pas une.

Mon mood tracker

Pour bien distinguer une émotion d'une intuition, il est important de savoir repérer ses émotions. L'outil magique pour ça ? Le mood tracker ! Aujourd'hui, prenez le temps d'observer ce qui se passe dans votre corps. Que ressentez-vous ? Joie, colère, tristesse… Plusieurs émotions colorent forcément votre journée ! À vous de nommer cette émotion et de colorier le dessin ci-dessous avec les couleurs correspondantes.

♥ Colère	♡ ....
♥ Joie	♡ ....
♥ Surprise	♡ ....
♥ Honte	♡ ....
♥ Tristesse	♡ ....
♥ Dégoût	♡ ....
♥ Peur	♡ ....

Mon rituel de l'essentiel

Suivre son intuition peut se révéler un véritable casse-tête. Elle nous confronte à des choix difficiles. Et si vous arrêtiez de gamberger, en pensant par exemple à ce que les autres vont penser, pour vous concentrer sur l'essentiel, c'est-à-dire vous ? Reliez les points de ces constellations mentales en suivant les lettres et numéros pour arriver à l'essentiel : vous et ce qui vous rend heureuse !

MES RITUELS BONUS

Intuitive body

Alimentation équilibrée = intuition aiguisée !

Un repas trop riche égale une baisse de l'attention, voire un risque de somnolence. L'effet est le même sur l'intuition ! Plus vous allez prendre soin de votre alimentation (légère et variée), plus votre sixième sens pourra s'exercer au quotidien.

Intuitive mindset

Se libérer des idées fixes

Les idées fixes emprisonnent notre énergie. Résultat, on se sent fatiguée, grognon et incapable de prendre la moindre décision… Remédiez à cette situation grâce à la respiration des « 3R » ! Asseyez-vous. Inspirez et expirez par la bouche en énonçant mentalement : « Je respire. » (À faire 2 fois.) Inspirez et expirez de la même façon, tout en vous disant : « Je m'offre un répit. » (2 fois.) Enfin, inspirez et expirez tout en vous disant : « Je me respecte. » (2 fois.) Cet exercice facile permet de fluidifier l'énergie et de gagner en clarté d'esprit, propice à l'émergence de notre intuition.

Spiritual lifestyle

Rencontre avec mon guide intérieur

1. Fermez les yeux et concentrez-vous sur votre respiration. Respirez profondément 5 fois.
2. Laissez venir à vous l'image d'un lieu en pleine nature et explorez ce paysage à l'aide de vos 5 sens.
3. Un sentier apparaît. Inconsciemment, celui-ci va vous mener au plus profond de vous-même.
4. Vous voilà arrivée. Vous vous sentez libre, en sécurité, heureuse et apaisée. C'est votre lieu d'ancrage, là où se trouvent toutes vos richesses. Ce lieu est-il habité ? Auquel cas, écoutez les conseils du guide qui s'y trouve : c'est votre intuition en personne. Enfin, lorsque vous vous sentirez prête, revenez à votre respiration et rouvrez les yeux !

« L'émotion n'est notre ennemie que lorsque nous ne savons pas l'exprimer. Et il est nécessaire de l'exprimer intégralement. »

HENRI MATISSE

Samedi

LE POUVOIR DU LÂCHER-PRISE

Apparu en France dans les années 70, ce terme serait extrait de textes sacrés hindouistes. Il correspondrait à l'idée de s'abandonner, voire de « rendre les armes ». D'où une certaine confusion, parfois, avec une forme de résignation ou de passivité. Mais il n'en est rien. Il s'agit plutôt de renoncer à vouloir tout contrôler. Cette posture de suspension du mental est favorable au surgissement de l'intuition !

Lâcher prise pour accueillir ses émotions

Certaines d'entre nous apprennent très tôt à se méfier de leurs émotions (« arrête de pleurer ! »), à ne pas les vivre, et se coupent ainsi de leurs ressentis et donc de leur intuition ! Or, lâcher prise, c'est réapprendre à vivre en bonne intelligence avec elles : les accueillir et les laisser nous traverser.

Lâcher prise pour accepter ses limites

Bonne nouvelle : vous n'êtes pas parfaite, et c'est tant mieux ! Lâcher prise, c'est aussi s'accepter telle que l'on est, avec ses défauts et qualités. Exit les « trop peu » ou « pas assez » ! On fait de son mieux (et c'est déjà beaucoup !). Résultat, on profite davantage de l'instant présent, dans lequel peut se manifester notre intuition.

Lâcher prise pour trouver des solutions

À partir du moment où l'on accepte de ne pas tout contrôler, on s'ouvre à de nouvelles opportunités, notamment celles présentées par notre intuition. Peut-être que vous n'aviez pas prévu tel ou tel événement, pourtant il peut se révéler utile ou intéressant, vous souffle-t-elle. Eh oui, il n'y a pas qu'une seule manière de voir les choses !

En résumé, lâcher prise permet de renouer avec son intuition

Le lâcher-prise, tout comme l'intuition, est d'abord une expérience corporelle. Il invite à relâcher nos tensions, accueillir nos émotions, revoir nos exigences à la baisse, le tout pour aborder la vie avec confiance, sérénité et... intuition !

Mon rituel « lâchez du lest ! »

Une peur, un regret, une préoccupation, une situation ou une relation qui ne vous convient plus, une addiction… La liste est longue ! À vous d'inscrire sur chaque lest tout ce dont vous ne voulez plus… et de vous alléger pour vous ouvrir à l'intuition dans tous les domaines !

Le petit conseil en +

Pour ancrer votre intention, vous pouvez aussi passer du papier à la réalité. En inscrivant, de la même manière, sur des galets par exemple, tout ce dont vous souhaitez vous débarrasser, puis en les jetant (le plus loin possible !) à la mer, dans un lac ou une rivière…

Mon rituel zéro émotion anti-intuition !

Et la grande gagnante est… la colère ! Généralement, elle obscurcit notre jugement et… notre intuition. OK, mais en cas de crise de nerfs, comment faire ? Eh bien, ressentir est une chose, agir sous le coup de la colère en est une autre… Vous pouvez choisir votre manière de réagir, par exemple en poursuivant le gribouillis ci-dessous. Retour au calme et réouverture à l'intuition garantis !

Je suis en colère parce que

4 étapes pour gérer la colère

1. Si vous sentez la colère vous monter au nez, vous pouvez faire diversion en pensant à autre chose, ou en sortant carrément de la pièce dans laquelle vous vous trouvez, par exemple, pour aller marcher.

2. Si la colère est déjà là, exprimez-la (par exemple à voix haute : « Là, je suis en colère. »)

3. Posez votre main sur votre ventre (siège de nos émotions) et respirez calmement. Cela devrait vous permettre de prendre un peu de recul par rapport à la situation.

4. Plus tard, si vous le souhaitez, vous pouvez revenir sur cet épisode. Que dit cette colère de vous ? Cache-t-elle un besoin non satisfait ? Si oui, lequel ? Que pouvez-vous faire pour le satisfaire ? Si une action est possible, mettez-la en œuvre. Sinon, il ne vous reste plus qu'à lâcher prise…

Mon control freak check

Ressentez-vous un besoin irrépressible de tout contrôler ou savez-vous lâcher prise lorsque cela est nécessaire ? Faites le point chaque jour dans vos 8 domaines de vie.

DOMAINE DES LOISIRS ET DU TEMPS POUR SOI Par rapport à l'organisation de la journée, je me sens...

En mode dilettante — Ok / bien — Control freak / Mal

DOMAINE DU FOYER Par rapport à la charge mentale du foyer (rangement de la maison, organisation de la vie familiale...), aujourd'hui je me sens...

En mode dilettante — Ok / bien — Control freak / Mal

DOMAINE PROFESSIONNEL Par rapport à la charge mentale pro, aujourd'hui je me sens...

En mode dilettante — Ok / bien — Control freak / Mal

DOMAINE AMOUREUX Les incompréhensions, les prises de bec, les attentes, les déceptions et autres petits accrocs dans ma vie amoureuse, aujourd'hui je les prends en...

En mode dilettante — Ok / bien — Control freak / Mal

DOMAINE RELATIONNEL Les incompréhensions, les prises de bec, les déceptions et autres petits accrocs dans mes relations sociales et familiales, aujourd'hui je les prends en...

En mode dilettante — Ok / bien — Control freak / Mal

DOMAINE FINANCIER Par rapport aux finances, aujourd'hui je me sens...

En mode dilettante — Ok / bien — Control freak / Mal

DOMAINE DU DÉVELOPPEMENT PERSONNEL Par rapport à mon avancée dans mon développement personnel, aujourd'hui je me sens...

En mode dilettante — Ok / bien — Control freak / Mal

DOMAINE DU BIEN-ÊTRE ET DE LA SANTÉ Par rapport aux bonnes pratiques pour ma santé et mon hygiène de vie, je me sens...

En mode dilettante — Ok / bien — Control freak / Mal

Lorsque vous vous sentez trop control freak, soufflez et prenez la vie comme elle vient : les aléas se transforment en opportunités lorsqu'on lâche prise et qu'on se connecte à son intuition !

Mes rituels bonus

Intuitive body

Les Fleurs de Bach® : une autre manière d'apprivoiser vos émotions

Depuis les années 1930, le docteur Edward Bach a mis au point 38 élixirs floraux connus aujourd'hui sous le nom de Fleurs de Bach®. Chaque fleur aurait ainsi, pour une émotion donnée, des vertus thérapeutiques, contribuant à notre équilibre émotionnel. Par exemple, White Chestnut (la fleur du marronnier blanc) est l'alliée anti-rumination. Quant à la Fleur « Cerato » (ou Plumbago), elle serait celle de... l'intuition !

Intuitive mindset

Je fais le tri !

Objectif : s'alléger l'esprit, se débarrasser du superflu et faire place nette à la nouveauté. Car se libérer l'esprit, c'est laisser de la place à l'intuition ! Alors, à vos placards ! Que souhaitez-vous jeter, garder, donner, voire recycler ? (Le petit conseil en + : pour vous motiver encore plus, optez pour une musique entraînante !)

Spiritual lifestyle

Cap sur une vie plus intuitive !

On l'a vu, tout ne se passe pas *toujours* comme prévu. Pour autant, s'inquiéter ne changera rien. Alors, détendez-vous et dites-vous plutôt ceci : « Je me libère, je lâche prise et je fais confiance à mon intuition pour m'indiquer la bonne direction ».

« Respirez. Lâchez prise.
Et rappelez-vous que cet instant
est le seul que vous êtes sûr d'avoir. »

Oprah Winfrey

Dimanche

Pause sérénité

Fin de la première semaine, quel chemin parcouru ! Vous avez pu activer votre sixième sens et discerner la peur de l'intuition. Bien sûr, il vous reste encore beaucoup de choses à découvrir (et à expérimenter !). Mais, pour l'heure, on vous propose de faire une petite pause sérénité.

J'arrête de râler…

« Il n'y a pas de honte à choisir le bonheur » (dixit Albert Camus dans *La Peste*). Oui, mais voilà, râler peut nous en éloigner, car on reste focalisé sur le négatif… Alors, certes, râler soulage et permet de créer des liens (qui ne s'est jamais plaint du mauvais temps pour engager la conversation ?). Pour autant, cela ne fait pas vraiment avancer les choses… (voire, nous victimise !) Alors, comment on fait ?

… et je me concentre sur le moment présent !

Au lieu de vous focaliser sur tout ce qui ne va pas dans votre vie – petits tracas du quotidien, problèmes, oublis en tous genres et autres imperfections –, vous pouvez décider de porter votre attention sur ce qui va bien, là, tout de suite, maintenant. Parce qu'après tout, le passé est passé, le futur pas encore là, il ne nous reste donc plus… qu'à profiter de l'instant présent !

Welcome sérénité, intuition retrouvée !

C'est alors que la sérénité apparaît. Fugace comme une intuition, elle s'apparente à un état de calme et d'apaisement. Tout à coup, on cesse de courir partout, après je ne sais quoi, on est juste là. Présent à soi, au monde, à tout ce qui nous entoure. Rien de tel pour favoriser l'émergence de nos manifestations intuitives !

Mon rituel zéro négativité

Vous êtes tentée de râler ? Classez votre désagrément dans l'une de ces deux premières listes et agissez en conséquence. Objectif : retrouver votre sérénité et votre intuition !

CE QUI NE ME CONVIENT PAS ET SUR LEQUEL J'AI LE POUVOIR D'AGIR

CE QUI M'AGACE, ET SUR LEQUEL, MALHEUREUSEMENT, JE N'AI AUCUNE PRISE...

Alors, qu'est-ce que vous attendez ? (L'idée n'est pas de tout révolutionner en un jour, mais en prendre conscience est déjà un grand pas !)

Acceptez-le et passez à autre chose... : pensez plutôt à ce qui vous procure de la joie !

L'ACTION QUI ME RENDRA LA SÉRÉNITÉ ET LE SOURIRE

CE QUI ME PROCURE DE LA JOIE

À conserver précieusement en cas de coup de blues !

Ma parenthèse bien-être

Au Japon, le bain est considéré comme un rituel à part entière. Il ne s'agit pas tant de se laver que de se détendre. In the mood for sérénité et intuition !

- 30 à 37 °C : bain chaud = vertus relaxantes, il apaise les tensions nerveuses et musculaires. Durée : 20 minutes.
- 24 à 30 °C : bain tiède = permet de se détendre, tout en tonifiant la peau. Durée : 10 minutes.
- Moins de 24 °C : bain froid = revigore, donne un petit coup de fouet. Durée : pas plus de 2 minutes...

Faites bouillir 1 l de lait entier bio de préférence, puis versez-le dans l'eau du bain (chaud ou tiède). Ajoutez 800 g de son que vous aurez préalablement déposé dans un sachet (ou un carré de gaze, en coton ou en lin, dont vous aurez noué les extrémités pour le refermer). Enfin, ajoutez 5 à 8 gouttes d'huile essentielle de rose ou de néroli. C'est prêt !

Ma trousse keep calm

Pour retrouver votre calme et votre sérénité, notez ici tout ce qui vous fait du bien et référez-vous à cette liste lorsque vous en aurez besoin.

Mes affirmations positives

(Exemple : « Je crois en moi. »)

Mes personnes ressource

(Avec qui partageriez-vous « le » coup de fil ou moment réconfortant ?)

Mes gourmandises

Mes lieux refuge

(Un endroit sympa, dans lequel vous vous sentez bien, à la maison ou ailleurs)

Mes objets ou vêtements préférés

(Gri-gri, doudou, gadget...)

Mes activités plaisir ou détente

(Exemple : écouter de la musique, danser, chanter à tue-tête...)

MES RITUELS BONUS

Intuitive body

« I'm a lion »

Les yogis sont formels : rien de mieux que la posture du lion pour retrouver la sérénité !

1. Asseyez-vous sur les talons, genoux écartés.
2. Inclinez légèrement le buste en avant pour venir placer vos mains, paumes sur le sol, devant les cuisses, ou sur les cuisses si c'est plus simple (auquel cas, les genoux n'ont pas besoin d'être écartés). Veillez à ce que vos doigts soient bien orientés vers vous.
3. Inspirez bouche fermée, puis expirez bouche ouverte en tirant la langue le plus loiiin possible. Vous pouvez même rugir (si, si !).

Faites-le 3 à 5 fois (en fonction de votre degré de tension), puis reprenez une position plus confortable. Comment vous sentez-vous après avoir réveillé la lionne qui sommeille en vous ?

Intuitive mindset

Défi du jour : ne pas râler

Aujourd'hui, on vous lance le défi de… ne pas râler ! Plus vous allez vous entraîner, plus cela deviendra facile. Moins de râleries = plus de positif dans votre vie !

Spiritual lifestyle

Écriture intuitive

Prenez une feuille et un stylo. Installez-vous confortablement et détendez-vous. (Vous pouvez même prévoir une mini méditation.) Lorsque c'est fait, écrivez tout ce qui vous vient à l'esprit, sans réfléchir. Noircissez les pages. Vous avez terminé ? Prenez le temps de vous relire et de découvrir tous les messages enfouis en vous.
En version 100 % sérénité : vous pouvez aussi procéder à cet exercice lorsque quelque chose vous tracasse. Auquel cas, concentrez-vous sur votre préoccupation du moment avant de prendre feuille et stylo.

« Que la force me soit donnée de supporter ce qui ne peut être changé et le courage de changer ce qui peut l'être mais aussi la sagesse de distinguer l'un de l'autre. »

MARC-AURÈLE

SEMAINE 2

Je prends confiance EN MON INTUITION !

Qu'il s'agisse de faire les bons choix ou de trouver des solutions, l'intuition ne demande qu'à nous aider, à condition de savoir l'écouter… Et pour preuve : elle nous envoie des tonnes de messages, de jour comme de nuit (eh oui, à travers les rêves !). Grâce à ce livre, vous allez apprendre à décoder vos rêves, vous ouvrir aux symboles et repérer les synchronicités qui jalonnent votre vie !

Lundi

INTUITION ET PRISE DE DÉCISIONS

Tous les jours, nous sommes amenés à faire des choix, à prendre des décisions. Qu'il s'agisse de petites choses, comme commander un plat au restaurant, ou de grandes décisions, comme changer de vie. Pour se rassurer, pour être sûre de ne pas se tromper, on fait peser dans notre choix tout un tas de critères « rationnels ». Mais a-t-on intérêt à le faire ?

Raisonnement classique vs. raisonnement intuitif

Il existe deux types de raisonnement : le raisonnement classique, aussi appelé raisonnement rationnel, et le raisonnement intuitif. Le premier est « séquentiel ». Autrement dit, à partir d'un énoncé ou d'un problème donné, on déduit une première étape, puis une deuxième, et ainsi de suite, jusqu'à obtenir le résultat final. À l'inverse, le raisonnement intuitif revêt un caractère plus spectaculaire… À notre insu, notre cerveau traite en parallèle toutes les données collectées et nous délivre, le moment venu, une solution. On ne sait pas comment, mais on sait. Cela peut paraître un peu déstabilisant, mais quel gain de temps et d'énergie !

Comment prendre les « bonnes » décisions ?

Une bonne décision est une décision qui nous correspond au mieux, à un instant T. Et quoi de mieux que l'intuition pour nous y aider, puisqu'elle connaît à la fois les données de la situation, ainsi que vos besoins et envies ?

Première étape : visualiser son objectif

Quel est votre objectif ? Définissez-le clairement. Plus vous serez précise, plus votre intuition sera capable d'aller chercher toutes les informations dont vous allez avoir besoin pour vous aider.

Deuxième étape : laisser faire

Cela ne vous rappelle rien ? (Bonne réponse : le lâcher-prise !) L'un des grands avantages du raisonnement intuitif, c'est que l'on n'a rien à faire : notre intuition s'occupe de tout ! Alors, laissez-la faire ! En attendant, profitez de la vie !

Troisième étape : se faire confiance

N'en doutez pas : même si vous n'en avez pas (encore) conscience, de nombreux processus mentaux sont à l'œuvre. Alors, faites-vous confiance, tout comme à votre intuition. Laissez-lui le temps de mûrir les éléments et de les mettre dans le bon ordre. Le moment venu, vous saurez quoi faire.

Je me fais confiance !

Un sujet vous préoccupe et vous demandez l'avis de la terre entière (parents, amis, famille...), si bien que vous finissez par récolter plein de conseils. Mais sont-ils vraiment bons pour vous ? Le défi du jour, si vous l'acceptez, est de vous laisser guider par votre intuition plutôt que par l'opinion des autres !

*Asseyez-vous confortablement et fermez les yeux.
Mettez-vous à l'écoute de vos sensations et demandez à votre intuition de vous guider : détente, excitation, sentiment d'ouverture ou, au contraire, crispations. Ce sont autant de messages corporels qui peuvent vous mettre sur la voie.
De même, certains éléments de réponse peuvent vous apparaître sous la forme d'une image, d'un son...
Laissez faire et attendez la réponse de votre intuition !*

LE PETIT CONSEIL EN +

Certaines personnes adooorent donner leur avis. Plutôt que de les écouter poliment (et de les laisser vous embrouiller), remerciez-les en précisant que, cette fois, vous avez décidé de suivre votre cœur et que tout se passera bien. Next !

Mon vision board

L'intuition nous aide à prendre les bonnes décisions, encore faut-il savoir ce que l'on veut… Et quoi de mieux qu'un tableau de visualisation pour cela ? Il s'agit d'inscrire dessus tout ce que vous désirez (envies, projets, objectifs, rêves les plus fous…) pour en imprégner votre inconscient et pour que votre intuition vous guide vers les « bonnes » décisions ou les opportunités qui vous permettront de les concrétiser ! Magique !

LE PETIT CONSEIL EN +

- Il se peut que tout ne soit pas très clair dans votre tête, et ce n'est pas grave (c'est même normal !). Dans ce cas, laissez-vous guider par votre intuition. Cette image vous plaît, collez-la sur votre tableau, vous en comprendrez la signification plus tard… Faites-lui confiance, elle sait ce qui est bon pour vous !

- Votre tableau de visualisation est à regarder et à actualiser régulièrement. Alors n'hésitez pas à le prendre en photo ou à le reproduire au format XXL pour le placarder dans un endroit où il ne vous échappera pas.

- Enfin, c'est comme tout, l'envie ne suffit pas : il faut ouvrir l'œil, saisir les opportunités lorsqu'elles se présentent (merci mon intuition !) et passer à l'action !

Ma VISION

CE QUI ME FAIT DU BIEN

(Notez mots-clés, citations inspirantes, affirmations positives, et collez des images qui vous permettront de les visualiser...)

CE QUE J'AIMERAIS AVOIR ACCOMPLI (OU VÉCU)

(Notez mots-clés, citations inspirantes, affirmations positives, et collez des images qui vous permettront de les visualiser...)

MA VIE DE RÊVE

(Notez mots-clés, citations inspirantes, rmations positives, et collez des images vous permettront de les visualiser...)

Mes rituels bonus

Intuitive body

Mon coaching pour développer mon flair

Avoir du nez, du flair, je le « sens », je le « sens » pas. Le point commun dans tout ça ? L'odorat ! Et si vous exerciez votre flair ? Commencez par choisir un élément : un parfum, une fleur, un sachet de lavande, un fruit… Sentez-le une première fois, puis décrivez-le : c'est doux, c'est fort, ça pique, c'est frais… ? Essayez de traduire au maximum vos sensations olfactives (acide, brûlé, chaud, épicé, étouffant, fruité, léger, piquant, poivré, sucré, végétal…). Exercer ce sens, c'est développer vos perceptions et votre intuition.

Intuitive mindset

Straight to the point

Vous mettez toujours 3 heures à vous décider… Que ce soit pour choisir un plat ou la tenue qui vous ira. Eh bien, forcez-vous à être plus rapide ! Le défi : choisir sans réfléchir, en 1 seconde chrono. Vous n'aurez pas d'autre choix que de vous fier à votre intuition. Il y aura peut-être quelques loupés au début, mais au fur et à mesure, votre intuition deviendra de plus en plus juste.

Spiritual lifestyle

Mon mantra du jour

« Je suis mon cœur. » Que ressentez-vous à sa lecture ? S'il vous parle, vous pouvez tout à fait le réécrire sur un pense-bête dans votre agenda, ou encore créer votre propre carte mantra pour l'emporter partout avec vous ! N'oubliez pas que l'intuition vous indique la voie à suivre (la fameuse voie du cœur) pour accéder à votre bonheur.

« L'intuition, c'est l'intelligence qui commet un excès de vitesse. »

Henry Bernstein

Mardi

CREATIVE POWER

Créer, c'est s'ouvrir à la nouveauté, au « pourquoi pas ? ». D'ailleurs, l'inspiration porte aussi le nom… d'« intuition ou illumination artistique ». Difficile de dire qui précède l'autre. Est-ce la créativité qui nous encourage à écouter nos manifestations intuitives ? Ou l'intuition qui stimule notre créativité ? Dans tous les cas, l'une ne va pas sans l'autre. Alors, prête à devenir plus créative ET intuitive ?

La créativité, qu'est-ce que c'est ?

Tout d'abord, la créativité n'est pas réservée à quelques happy few. Inutile de chercher à rivaliser avec Léonard de Vinci : la créativité artistique (avec un grand C) a tendance à éclipser toute autre forme de créativité, pourtant elle n'en est pas la seule forme. Il est également possible d'exprimer sa créativité au quotidien pour résoudre un problème, améliorer une situation ou faire plaisir, par exemple.

Un état d'esprit

Quoi ? Nous pourrions tous être créatifs ? Eh bien, oui ! Il suffit de se rendre disponible à une idée, une envie, un rêve, ou, pourquoi pas, une passion. D'accepter de suivre notre créativité sans trop savoir jusqu'où celle-ci nous mènera (nombre de « petites » idées sont devenues de grandes créations !), mais surtout, de prendre plaisir à le faire.

Place au… creative power !

Vous l'aurez compris, la créativité implique de sortir des sentiers battus et, surtout, d'oser. Oser faire les choses à notre manière, sans se soucier du qu'en-dira-t-on, avec cette touche si personnelle qui est la nôtre (et qui nous rend unique !). Et ça tombe bien : pour ce faire, nous vous avons concocté plusieurs exercices pratiques pour renouer avec votre artiste intérieur, tordre le cou à certaines idées reçues du type : « Je ne suis pas créative », « Il n'existe qu'une seule solution », « la grande créativité sinon rien », en bref, pour vous autoriser dès à présent à mener une existence plus créative (et donc, forcément, plus intuitive) !

Hello mon artiste intérieur !

L'artiste intérieur n'est autre que l'enfant qui se cache en chacun de nous. Oui, mais voilà, avec le temps qui passe, on a parfois tendance à l'oublier… Alors, comment le retrouver ? En convoquant nos souvenirs d'enfance !

Lorsque j'étais enfant…

J'aimais

- un jouet, une activité…
- ……………………………………………
- ……………………………………………
- ……………………………………………
- ……………………………………………

J'étais heureuse quand

- je marchais pieds nus dans l'herbe…
- ……………………………………………
- ……………………………………………
- ……………………………………………
- ……………………………………………

Je cultivais mon imagination quand…

- ……………………………………………
- ……………………………………………
- ……………………………………………
- ……………………………………………
- ……………………………………………

Maintenant que vous avez retrouvé ce qui vous faisait vibrer lorsque vous étiez enfant (et si c'est toujours le cas aujourd'hui), essayez de planifier au moins une de ces activités dans la semaine : vous retrouverez votre âme d'enfant et cela stimulera votre imagination, votre créativité et votre intuition !

Mon rituel créatif

Le défi du jour ? Créer quelque chose, n'importe quoi, avec la satisfaction de pouvoir dire à la fin que vous l'avez fait. En un mot : osez ! Par exemple : une aquarelle, un gâteau, un petit mot ou l'organisation d'une soirée pour votre amoureux(se)… Vous pouvez aussi poursuivre ce zentangle (gribouillage antistress à base de jolis motifs) !

Un problème, dix solutions !

Faites appel à votre créativité pour résoudre un problème ! Exemple : vous aimeriez partir à l'autre bout du monde alors que vous n'en avez pas les moyens. La logique dirait : impossible ! Et pourtant… Comment pourriez-vous vous y prendre ? Listez toutes vos idées (au moins 10), même les plus saugrenues. Vous verrez qu'elles peuvent déboucher sur des solutions à portée de main…

1. ....
2. ....
3. ....
4. ....
5. ....
6. ....
7. ....
8. ....
9. ....
10. ....

N'hésitez pas à effectuer cet exercice à plusieurs. Cela multipliera le nombre de propositions (10 solutions multipliées par le nombre de participants !) et vous aidera à trouver « la » solution.

Mes rituels bonus

Intuitive body

Moment chirologie

Nos mains recèlent de nombreuses informations sur nous-même. Que ce soit par la taille de nos doigts, la forme de notre paume ou encore les lignes qu'elle contient. Il est même possible de savoir si l'on est créatif ! Si votre annulaire dépasse les deux tiers de votre majeur, voire est plus grand que votre index, créer est quelque chose d'important pour vous. De même, si des volutes (spirales ou tourbillons) se dessinent sur le bout de vos deux annulaires, vous savez faire preuve d'originalité et innover.

Intuitive mindset

Ma galerie de monstres

D'après Julia Cameron, les « monstres » sont des personnes (ou événements) qui ont, un jour, blessé notre créativité (en critiquant notre travail par exemple, en se moquant, en mettant en doute notre talent ou en bloquant nos rêves). Mais aujourd'hui, on reconquiert notre creative power ! Identifiez vos « monstres ». Qui sont-ils ? Que s'est-il passé ? Et, éventuellement, que vous ont-ils dit ? Le fait de s'en souvenir va vous permettre de prendre du recul et de créer de nouvelles opportunités. Cap sur une vie plus créative !

Spiritual lifestyle

Méditation sur un koan

Les koan sont des énigmes posées par un maître zen à son disciple, et souvent utilisées par certaines écoles bouddhistes pour nous pousser à réfléchir, sortir des sentiers battus et libérer notre créativité. Envie d'essayer ? Parmi les plus connues : « J'éteins la lumière, où va-t-elle ? » ; « Lorsqu'il n'y a plus rien à faire, que faites-vous ? » ; « Quel était votre visage avant la naissance de vos parents ? ». Vous l'aurez compris, il n'existe pas de réponse toute faite. L'idée est de laisser surgir ce qui vient…

« L'intuition est l'outil le plus important, non seulement pour l'artiste, mais pour quiconque réalise quelque chose. »

David Lynch

L'EXPÉRIENCE DU FLOW

Maintenant que vous vous autorisez à être plus créative, vous allez certainement expérimenter le « flow ». Ou peut-être en êtes-vous coutumière. Apprendre à repérer les moments de flow dans sa vie, voire les (re)créer, est un formidable outil pour mobiliser vos forces créatives et intuitives. Alors, qu'est-ce que vous attendez ?

Le flow, quèsaco ?

Le concept de « flow » (flux en français) a été inventé par le célèbre psychologue hongrois Mihály Csíkszentmihályi. Il désigne un état de bien-être profond, dans lequel on est complètement absorbé par ce que l'on fait. On perd toute notion du temps et de l'espace. Si bien que certains ont parfois la sensation de sortir d'eux-mêmes pour se relier à quelque chose de plus grand (l'inspiration ? l'intuition ?).

T'es flow ou t'es pas flow ?

Mihály Csíkszentmihályi a établi 7 conditions pour repérer un moment de flow :

1. L'objectif est clair (vous savez ce que vous avez à faire !).
2. La tâche ou l'action choisie nécessite une importante concentration. Out, les distractions !
3. C'est simple : vous êtes tellement concentrée sur ce que vous faites que vous ne voyez pas le temps passer…
4. L'action en question mobilise vos compétences tout en vous mettant en légère situation d'inconfort… Toutefois, vous avez le sentiment de « pouvoir y arriver » (c'est à votre portée même si cela représente un petit défi !).
5. La peur de l'échec disparaît.
6. Vous avez la possibilité de savoir où vous en êtes, à chaque étape, par une « rétroaction immédiate », autrement dit un feedback immédiat sur ce que vous êtes en train de faire. Par exemple, si vous jouez d'un instrument de musique ou chantez, vous allez tout de suite entendre la fausse note et pouvoir la corriger.
7. Enfin, l'activité en elle-même vous procure du plaisir, de la joie. Un parfait mix entre sensation de maîtrise et dépassement de soi. Le bonheur, quoi.

La liste de mes flows !

En vous appuyant sur les conditions décrites juste avant, faites la liste des activités qui vous mettent en état de flow. Cela peut être une activité artistique ou professionnelle, un loisir... Le flow peut se trouver partout ! Multipliez ces activités sources de bonheur et génératrices d'intuition au quotidien !

1. --
2. --
3. --
4. --
5. --
6. --
7. --
8. --
9. --
10. --

J'invite l'inspi dans ma vie !

Un bon moyen de (re)trouver son flow est d'aménager son espace, autrement dit de s'entourer d'objets qui font sens pour vous. Quels sont vos gris-gris, petits objets, photos qui vous ressemblent, vous rappellent de beaux souvenirs et vous font vous sentir comme « chez vous » ? Gardez-les à proximité et faites le plein d'inspi !

Mon échelle de plaisir !

L'un des freins à notre créativité est… le perfectionnisme ! Eh oui, on veut tellement bien faire que l'on finit par bloquer notre énergie créatrice. Comment la retrouver ? Concentrez-vous sur tout ce que vous prenez plaisir à faire et… oubliez d'être parfaite !

Mes rituels bonus

Intuitive body

Ma bulle magique

Commencez par tendre les bras sur les côtés. Puis, à l'inspiration, montez les bras vers le haut (comme si vous vouliez toucher le plafond). À l'expiration, redescendez les bras de part et d'autre, tout en dessinant, du bout des doigts, votre bulle. Une bulle remplie d'images colorées, de sensations agréables… Tout ce dont vous avez besoin pour vous sentir bien, exactement comme si vous étiez en état de flow. Renouvelez cet exercice au moins 3 fois pour profiter un maximum de ses bienfaits.

Intuitive mindset

Mon rituel «esprit de contradiction»

Selon Mihály Csíkszentmihályi, les personnes créatives font preuve d'esprit de contradiction. Par exemple, elles ne manquent pas d'énergie, pourtant elles préfèrent rester au repos. De même, elles sont souvent rebelles et indépendantes tout en ayant parfaitement assimilé les règles de fonctionnement de leur environnement. Donc, aujourd'hui, exprimez toutes les facettes de votre personnalité (même celles que vous utilisez peu) ! Vous êtes d'un naturel extraverti ? Prenez le temps d'observer ce qui se passe autour de vous avant de prendre la parole. Vous êtes hyper sociable ? Essayez une activité en solo. Cet exercice développera votre créativité !

Spiritual lifestyle

Méditer sur votre relation aux autres

L'expérience du flow ou « expérience optimale » donne parfois la sensation de faire partie d'un tout. Comme si nous étions tous reliés, interconnectés. Et si vous preniez le temps d'y réfléchir, de vous interroger sur votre rapport au monde ? Allez-vous facilement vers l'autre ? Savez-vous accueillir la différence ? Bref, cultivez (encore plus !) votre part d'humanité !

« La joie est en tout ; il faut savoir l'extraire. »

Confucius

Jeudi

LET'S DREAM !

Un autre moyen utilisé par notre intuition pour communiquer avec nous est… le rêve ! Elle adooore nous envoyer des messages pendant notre sommeil. Comment ? Grâce aux symboles !

Les rêves sont bourrés de symboles !

À l'origine, le mot « symbole » désignait un objet coupé en deux, dont deux personnes conservaient chacune la moitié. C'était un signe de reconnaissance. Et si on y réfléchit, c'est encore le cas aujourd'hui : c'est un langage universel qui rassemble au-delà des frontières et du temps. Et pour preuve : des ethnologues ont découvert des mythes et des symboles communs à des peuples qui ne se sont jamais rencontrés.

Tous mes rêves…

Couleur, forme, image onirique, etc. : les rêves ordinaires reflètent notre quotidien – nos pensées, nos actions, nos préoccupations, nos joies, nos peines, etc. – et permettent de « digérer » les événements de la journée. Mais certains rêves sont particuliers : les rêves récurrents se répètent, encore et encore, comme s'ils venaient inlassablement frapper à la porte de notre âme. Par exemple, vous hésitez à changer de job. Pourtant, tous les soirs, vous faites le même rêve : celui de votre pot de départ ! C'est peut-être un signe, non ? Votre intuition vous encourage à le faire.

Les contes de fées : tout un symbole !
Que nous enseignent les contes de fées ? En règle générale, ils nous apprennent, via le voyage, symbole d'évolution et d'apprentissage, qu'il faudra puiser en nous force et sagesse pour nous réaliser et accomplir notre destin.

Les rêves archétypaux : des rêves intuitifs +++ !

Les rêves archétypaux font encore partie d'une catégorie à part. Ils surviennent au moment où votre inconscient puise dans l'inconscient collectif, une sorte d'immense réservoir de symboles, mythes et légendes, communs à l'histoire de l'humanité. Tout à coup, un nouveau monde s'ouvre à vous. Par exemple, vous vous retrouvez embarquée dans un voyage, une épopée. Le rêve archétypal a pour mission de vous préparer, le temps d'un rêve, aux changements à venir et aux nouveaux défis à relever.

Mon journal de rêves

Notez dès à présent le contenu de vos rêves, faites des rapprochements ou des associations d'idées. Bref, trouvez vos clés de lecture pour construire, au fur et à mesure, votre propre dictionnaire des rêves !

Symbole/image/événement récurrent dans mes rêves	Interprétation personnelle

DICTIONNAIRE GÉNÉRAL

ARGENT

→ Prospérité

→ Amour ou gestion de son temps

- Se voir refuser de l'argent = sentiment de rejet
- Voir de l'argent ou le compter = gains, voire un mariage
- Gaspiller de l'argent = perdre son temps

CHEVEUX

→ Puissance personnelle

- Cheveux emmêlés, grisonnants = petits soucis
- Cheveux blancs = paix et tranquillité
- Cheveux longs = chance et succès

DENTS

→ Armes

- Perdre ses dents = se sentir mal dans sa peau, frustrée ou dépassée
- Dents saines et blanches = santé et réussite

NUDITÉ

→ Image de soi

- Nudité en public = vulnérabilité, perte de confiance en soi, ou encore refus de s'adapter à une situation

VOLER DANS LES AIRS

- Voler au-dessus d'un paysage = courage, optimisme, mobilisation d'une nouvelle énergie ou désir de fuir la réalité

Do (w)it(ch) yourself

Et si vous fabriquiez votre attrape-rêves ? Objet d'origine amérindienne représentant une toile d'araignée, celui-ci aurait le pouvoir d'emprisonner nos cauchemars et de laisser passer nos rêves… Fabriquez-le, suspendez-le dans votre chambre et ancrez en lui l'intention de vous souvenir de vos rêves intuitifs !

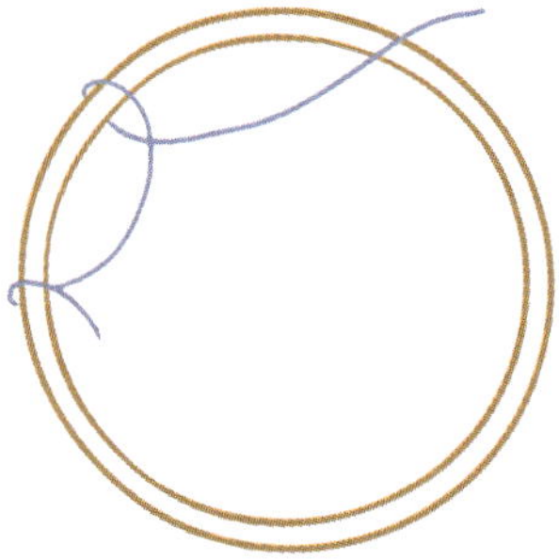

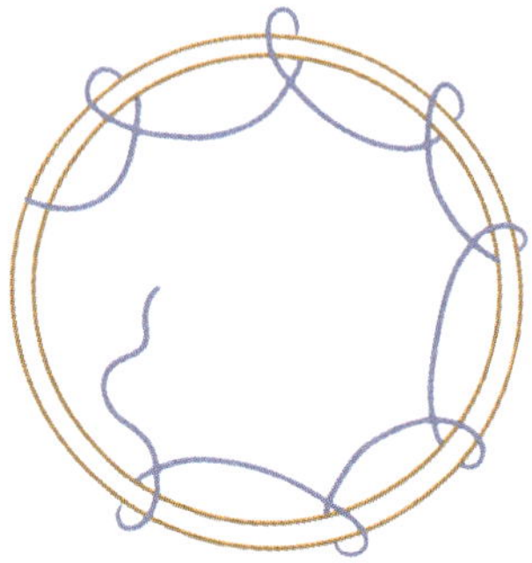

1. Formez un cercle avec du fil de fer (aidez-vous d'une pince plate) ou munissez-vous d'un cercle en bois.

2. Déroulez une pelote de fil (laine ou coton, par exemple) et faites un nœud à un endroit du cercle, ce sera votre point de départ. Reliez ensuite ce point à un deuxième point, en faisant passer le fil par-dessus puis par-dessous le cercle, et ainsi de suite.

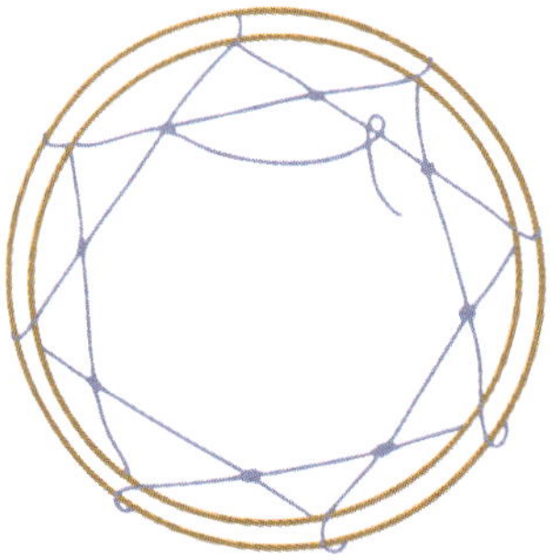

3. Créez la deuxième rangée en faisant passer le fil autour du centre de chaque segment de la première rangée. Renouvelez l'opération jusqu'à atteindre le centre du cercle (faites au moins 5 tours), où vous pouvez insérer des perles, si vous le souhaitez.

   Plan B (plus facile) : vous pouvez aussi choisir un joli napperon rond, à placer au centre de votre cercle et à attacher, par ses extrémités, à la structure de votre attrape-rêves.

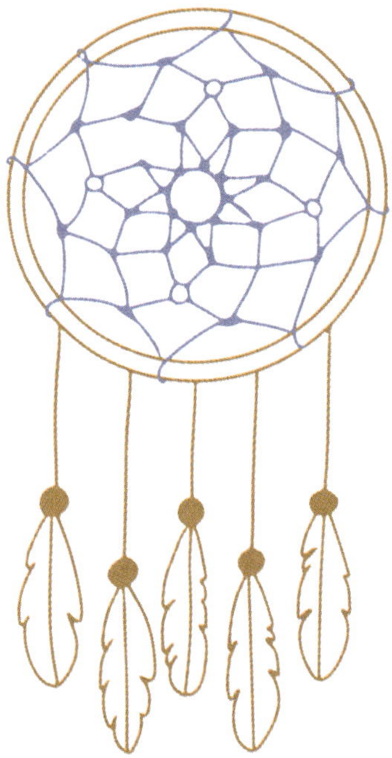

4. Un attrape-rêves n'est pas un « vrai » attrape-rêves sans ses franges. Alors, faites-vous plaisir : coupez différentes longueurs de fils et ajoutez les accessoires de votre choix (plumes, perles, coquillages, bijoux) ! Pensez bien à faire un nœud en-dessous de chaque élément afin d'éviter qu'il ne glisse…
   Une fois terminé, nouez les franges de votre attrape-rêves sur sa partie basse. Et voilà !

Mes rituels bonus

Intuitive body

Le parfum de mes rêves

Pour faire de doux rêves, déposez sur un mouchoir en tissu : 1 goutte d'huile essentielle d'ylang-ylang, 3 gouttes d'essence de bergamote et 6 gouttes d'huile essentielle de lavande fine. Inhalez ce subtil mélange et tombez dans les bras de Morphée !

Intuitive mindset

Mon rituel anti-cauchemar

Remémorez-vous votre cauchemar et écrivez-le. Maintenant, modifiez son histoire ou inventez-lui une fin heureuse (du moins, plus agréable pour vous). Par exemple, vous tombez dans un trou sans fin ? Imaginez que vous atterrissez dans un autre monde, un peu comme dans *Alice au Pays des Merveilles*… Bref, à vous d'inventer ! Lorsque c'est fait, répétez-vous ce nouveau scénario plusieurs fois de suite (au moins deux fois par jour et juste avant d'aller dormir, s'il s'agit d'un cauchemar récurrent), jusqu'à ce que ce cauchemar disparaisse de vos nuits. Au-delà de ses bons résultats, cet exercice a le mérite de stimuler votre imagination !

Spiritual lifestyle

Demandez de l'aide à vos rêves !

Si vous souhaitez que la nuit vous porte conseil et vous relie à votre intuition, il suffit de le lui demander…

1. Mettez-vous au lit.
2. Formulez votre demande : « Je souhaite que mes rêves me guident pour… » (par exemple : me souvenir d'un détail en particulier, avoir une bonne idée sur tel ou tel sujet, trouver une solution, l'inspiration…).
3. Fermez les yeux. Respirez calmement et laissez venir à vous le sommeil.
4. Au réveil, mettez votre esprit analytique sur « on ». Quels sont les images, mots, sensations, qui se sont présentés à vous ? Parvenez-vous à trouver, parmi tous ces rêves, des éléments de réponse ? Si rien ne vous paraît « évident » à ce stade, ce n'est pas grave. Sachez que votre demande est partie, vous obtiendrez donc tôt ou tard des éléments de réponse.

> « Fais de ta vie un rêve, et d'un rêve, une réalité. »
>
> Antoine de Saint-Exupéry

Vendredi

Le pouvoir des synchronicités

Vous rencontrez une personne « par hasard » ou encore vous trouvez une information dont vous allez avoir besoin – toujours par hasard. Simple question de probabilités ? Signe ? Carl Gustav Jung, lui, préfère parler de… synchronicité. Dans tous les cas, il s'agit de manifestations de notre intuition.

Synchro… quoi ?

Synchro-ni-ci-té ! Tout droit sorti de l'imaginaire de Carl Gustav Jung, ce terme désigne l'apparition simultanée d'événements, *a priori* sans lien entre eux, qui prennent pourtant tout leur sens pour celui qui les perçoit. Par exemple, vous songez à changer de job, et voilà que votre meilleure amie vous présente « la » personne qui cherche quelqu'un comme vous ! Synchronicité ! De même, vous êtes en train d'écouter la radio quand, subitement, passe une chanson qui fait étrangement écho à la situation que vous vivez. Synchronicité !

4 conditions pour être « synchro » avec l'univers

La synchronicité est porteuse de sens (une signification que vous seule pouvez lui donner) et s'apparente souvent à un signe. Mais pas n'importe quel signe. Eh oui, la synchronicité répond à des règles bien précises ! Ci-dessous 4 critères pour vous aider à repérer une synchronicité (ou heureuse coïncidence) dans votre vie :

1. Elle peut bouleverser le cours de notre existence en nous montrant une direction que l'on n'envisageait pas forcément au départ…
2. Elle se produit, de préférence, à une période charnière de notre existence (une période de doute, de transition, etc.).
3. Elle nous apporte bien souvent une réponse, pour débloquer une situation ou créer du lien entre la réalité et nos pensées. « Comme par magie », on rencontre les bonnes personnes au bon moment, par exemple. Tout s'aligne, tout s'éclaircit !
4. Enfin, elle est associée à une bonne dose d'émotions fortes. Elle nous fait « vibrer » : rien de mieux pour se rapprocher de ce que l'on aime vraiment ! Elle nous donne l'impression d'être soutenue, guidée… En un mot, « synchro » avec l'univers !

Ma collection de... coïncidences !

Notez ici toutes les coïncidences que vous avez rencontrées au fil de votre journée. Exemple : l'affiche d'un bus vous interpelle alors que vous marchez dans la rue (serait-ce « le » message dont vous aviez besoin ?) ; votre fil d'actu mentionne la destination envisagée pour vos futures vacances (ça tombe bien, vous hésitiez entre deux pays...). L'objectif ? Entraîner votre cerveau à accorder de l'attention à ces « petites choses » du quotidien qui peuvent se transformer en réelles opportunités pour celui ou celle qui sait les percevoir...

Ma balade synchronistique

Il est temps de prendre l'air ! Sortez, allez vous balader. Vous avez envie de tourner à droite ? Allez-y ! Tout droit ? Allez-y ! L'idée est de vous laisser aller pour favoriser l'émergence de votre intuition et, qui sait, peut-être que certaines synchronicités apparaîtront sur votre chemin… Notez-les ici !

Signe n° 1 :

....

Ce qu'il m'évoque :

....

....

....

Signe n° 2 :

....

Ce qu'il m'évoque :

....

....

....

Signe n° 3 :

....

Ce qu'il m'évoque :

....

....

....

Le petit conseil en +

Vous pouvez aussi vous fixer un objectif précis, comme la résolution d'un problème, avant de partir en balade. Il est fort probable que vous reveniez avec des éléments de réponse. Ouvrez grands les yeux et les oreilles !

Mon petit dico des happy hours !

Un exemple de synchronicité du quotidien ? Les heures miroirs, ou heures doubles, comme 10 h 10, 12 h 12… Doreen Virtue, docteure en psychologie et spiritualité, s'est essayée à en retrouver le sens caché. Quelle heure est-il ? Aujourd'hui, et chaque jour désormais, cochez le message de votre heure miroir !

- ☐ **00 H 00** : Tout est possible ! Un nouveau cycle se prépare.
- ☐ **01 H 01** : Vous avez besoin de temps pour vous.
- ☐ **02 H 02** : Prenez le recul nécessaire pour analyser votre situation et prendre les bonnes décisions.
- ☐ **03 H 03** : C'est le moment de noter toutes vos idées ! Votre créativité est à son comble.
- ☐ **04 H 04** : Vous allez faire preuve d'une grande vitalité et trouver en vous la motivation nécessaire pour mener à bien vos projets.
- ☐ **05 H 05** : Sachez que vous êtes… épaulée ! Eh oui, il est temps de récolter le fruit de votre travail (parfois, acharné) et de commencer à vivre la vie que vous souhaitez.
- ☐ **06 H 06** : Lâchez prise.
- ☐ **07 H 07** : Les portes de la sagesse s'ouvrent à vous.
- ☐ **08 H 08** : Restez concentrée sur vos priorités.
- ☐ **09 H 09** : Ne reculez pas devant le défi qui s'offre à vous, tirez-en parti.
- ☐ **10 H 10** : Vous êtes entourée d'une belle énergie. Changements positifs en perspective.
- ☐ **11 H 11** : Ne négligez pas vos besoins ni ceux des autres.
- ☐ **12 H 12** : Suivez votre intuition, elle vous portera chance !
- ☐ **13 H 13** : Vous avez besoin de changement et, comme par hasard, celui-ci ne va pas tarder à arriver… Préparez-vous !
- ☐ **14 H 14** : L'instabilité pointe le bout de son nez. À vous de la transformer en (r)évolution !
- ☐ **15 H 15** : Rappelez-vous que vous avez le pouvoir d'agir sur votre vie par la seule force de l'intention !
- ☐ **16 H 16** : Essayez de vous ressourcer.
- ☐ **17 H 17** : Cultivez la gratitude. Elle vous aidera à avancer et vous donnera confiance en la vie (vous pourriez même recevoir un petit coup de pouce du destin pour régler une situation délicate !).
- ☐ **18 H 18** : Faites le tri dans votre vie entre ce qu'il convient de garder ou non.
- ☐ **19 H 19** : Libérez-vous des conditionnements, de vos peurs et des limites que vous vous imposez : le meilleur vous attend !
- ☐ **20 H 20** : Gare à la précipitation ! Prenez le temps de repenser votre situation.
- ☐ **21 H 21** : Poursuivez vos efforts, ils vont finir par payer.
- ☐ **22 H 22** : Votre communication est renforcée, tout comme votre capacité à faire de grandes choses ! Vous êtes miraculous !
- ☐ **23 H 23** : Des moments de joie arrivent.

Mes rituels bonus

Intuitive body

Autoportrait symbolique

Continuez à vous ouvrir aux symboles en réalisant votre autoportrait. L'idée ? Créer un collage de vous-même ! Une grande feuille blanche, un tube de colle, une paire de ciseaux, et c'est parti ! Récupérez un maximum d'images dans des magazines, sur internet, etc. Puis, sélectionnez celles qui vous inspirent, sans réfléchir. Découpez-les et commencez à construire votre autoportrait. Faites-le le plus spontanément possible. Comment vous êtes-vous représentée ? Quels symboles avez-vous utilisés ? Un bon moyen de développer votre sensibilité artistique ET symbolique, celle-là même dont nous avons besoin pour repérer encore plus de synchronicités !

Intuitive mindset

Mettez-vous dans la peau d'une super enquêtrice !

Les synchronicités méritent toute notre attention. Et quoi de mieux que cet exercice ludique pour muscler votre capacité d'attention ? Pour cela, demandez à un complice de noter sur un bout de papier un événement (collectif) marquant, un lieu géographique ou encore le nom d'un personnage public (il faudra également qu'il vous indique la catégorie retenue). C'est parti pour interroger votre intuition : installez-vous confortablement et prenez le morceau de papier entre vos mains. N'hésitez pas à le manipuler tout en fermant les yeux. Que ressentez-vous ? Y a-t-il d'ores et déjà des éléments qui vous apparaissent : une image, un son, une ambiance, un relief ? Accueillez toutes les informations qui vous viennent à l'esprit, sans censure. Une fois que vous aurez récolté suffisamment d'indices, notez-les, avant de les comparer à l'évènement choisi, le lieu ou la personne mystère. Verdict ?

Spiritual lifestyle

Ouvrez un livre... au hasard !

Prenez un livre, n'importe lequel. Ouvrez-le au hasard et lisez-en un passage ou une simple phrase. Parce que « le hasard fait bien les choses », il se pourrait que vous ayez besoin de ce message...

« Le hasard, c'est Dieu qui se promène incognito. »

Albert Einstein

Samedi

EN MODE SLOW

Ça y est, c'est le week-end (et presque la fin de votre deuxième semaine) ! Tout d'abord, bravo d'être arrivée jusque-là. On espère que vous avez commencé à libérer votre potentiel créatif et croisé d'heureux hasards sur votre route… Or, vous savez ce qui pourrait vous rendre encore plus créative et favoriser l'apparition de signes dans votre vie ? Le mode slow !

Il était une fois...

Apparu dans les années 80 avec la notion de slow food (inventée par Carlo Petrini, journaliste, sociologue et critique gastronomique, par opposition à la malbouffe et au développement des fast-foods), le slow movement s'est rapidement étendu à d'autres domaines : mode, cosmétiques, tourisme, travail, éducation, sexualité… L'idée ? Ralentir le rythme !

Ralentir pour se connecter à son intuition

On vous l'accorde, dans un monde où tout va très vite, cela peut paraître utopique. D'autant que, avouons-le, la vitesse peut être source de plaisir (la fameuse dose d'adrénaline !). On passe d'une chose à l'autre, on zappe, on se sent occupée, voire importante. Bref, on se sent puissante ! Et puis, cela nous évite parfois de penser à nos soucis du quotidien… Oui, mais voilà, ce culte de l'urgence, cette immédiateté, nous coupe aussi de nos ressentis et, donc, de notre intuition.

Adoptez la slow attitude !

Breaking news : la slow attitude n'est pas synonyme de paresse ou de fainéantise. Il ne s'agit pas non plus de refuser toute forme de technologie, au risque de s'exclure du monde qui nous entoure… La slow attitude consiste, entre autres, à doser son effort, s'accorder des temps de pause, réfléchir avant d'agir, repenser sa relation aux autres ou à soi, notamment par l'écoute de son intériorité. C'est là tout le paradoxe de l'intuition ! Elle est rapide comme l'éclair, pour autant, elle a besoin de temps, de calme et lenteur…

Mon check technostress

Le technostress désigne le stress généré par les Technologies de l'Information et de la Communication (TIC). Il se manifeste bien souvent par de l'anxiété ou un état de fatigue pouvant aller jusqu'à la peur de se déconnecter… Chaque jour, mesurez votre niveau de technostress. Quand ça chauffe trop, revenez au slow et à l'intuition grâce à une digital détox !

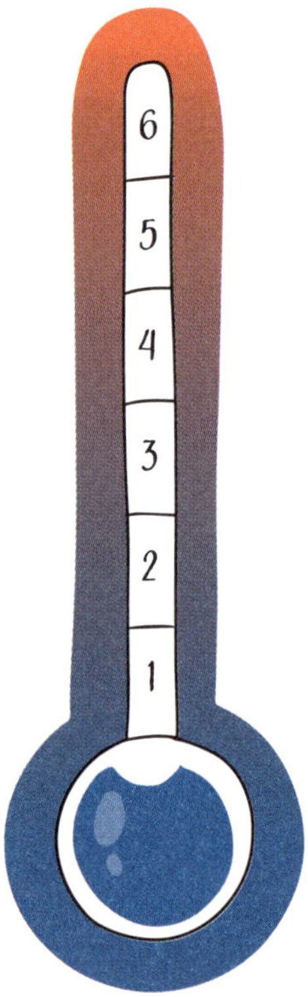

À combien s'élève votre technostress aujourd'hui ?

Cochez les affirmations qui vous correspondent.

- ☐ Je suis inondée d'e-mails ou de messages en tous genres.
- ☐ Je me sens obligée de répondre « à la minute » !
- ☐ Je consulte mon téléphone portable un nombre incalculable de fois.
- ☐ Je consacre du temps perso à la gestion de mes e-mails pro (avant de partir le matin, au retour le soir…).
- ☐ Je culpabilise de quitter le bureau sans avoir terminé les tâches urgentes.
- ☐ Je ne peux pas me passer d'Internet, des applis et des réseaux sociaux.

Additionnez le nombre de cases cochées et coloriez le thermomètre jusqu'au niveau atteint (0 à 6). Par exemple, vous avez coché 2 cases ? Coloriez le thermomètre jusqu'au niveau 2 !

DIGITAL DÉTOX : MODE D'EMPLOI

Étape n° 1 : Commencez par vous déconnecter quelques heures, voire quelques jours, si c'est possible pour vous. Quel(s) effet(s) cela a-t-il sur vous ?

Étape n° 2 : Interrogez-vous sur votre rapport aux nouvelles technologies. Quels outils utilisez-vous le plus souvent (télé, radio, téléphone, messagerie, réseaux sociaux…) ? Pourquoi ? Que recherchez-vous en les consultant ? Qu'auriez-vous à « gagner » en leur consacrant moins de temps ? (Si vous le pouvez, fixez-vous une durée quotidienne à ne pas dépasser.)

Étape n° 3 : Quelles nouvelles règles pourriez-vous mettre en place, dans votre quotidien, pour réduire la place du digital dans votre vie et vous réapproprier votre temps ? Exemple : faire le tri dans vos notifications, ne plus être joignable par téléphone à partir d'une certaine heure, mettre votre téléphone sur silencieux lorsque vous déjeunez entre amis…

Ma slow mountain

À quel rythme vivez-vous ? Toujours à 100 km/heure, sans prendre le temps de réfléchir, de penser à vous, de vivre l'instant, d'écouter votre intuition ? Aujourd'hui, recensez vos temps slow en complétant ce graphique ! Le principe ? Montez de 1 case à chaque demi-heure de travail ou d'activité, et descendez de 1 case par demi-heure de repos et de pleine conscience. Si la courbe de cette time mountain monte trop, pensez à intégrer davantage de temps slow dans vos journées !

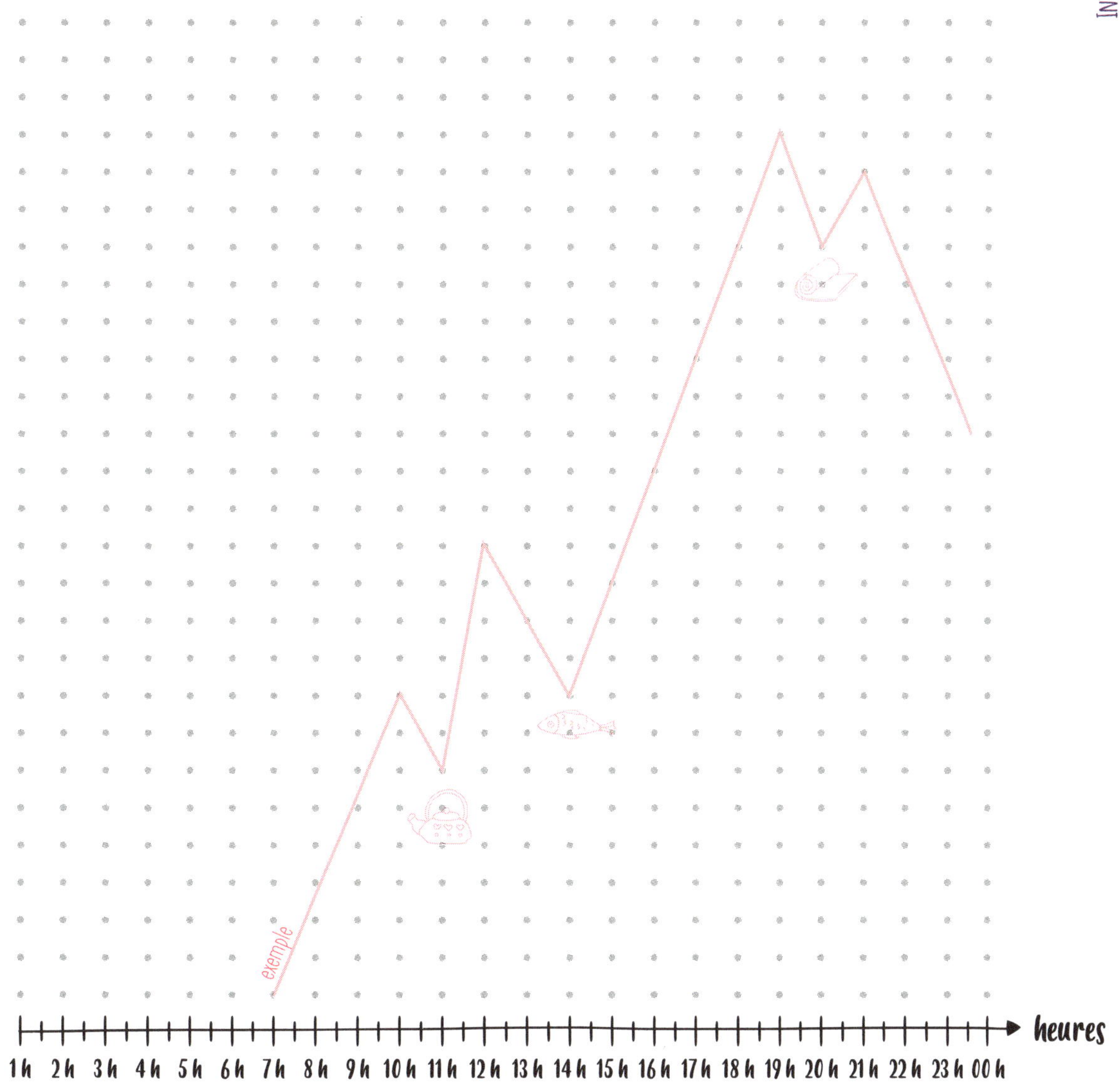

Mes pauses rituelles

Quoi de mieux qu'une petite pause ? Mettre notre cerveau au repos, c'est lui laisser la possibilité de vagabonder, de faire de nouvelles associations d'idées et… de stimuler notre intuition ! Trouvez la ou les pauses qui vous conviennent et complétez la liste !

☐ **MA « PAUSE-RECUL » :** prenez quelques minutes pour vous interroger sur ce que vous faites et, surtout, comment vous le faites. Est-ce utile ? Pourriez-vous faire mieux, différemment ? Si oui, comment ?

☐ **MA « PAUSE-AÉRATION DE L'ESPRIT » :** l'idée, c'est de changer d'air, au sens propre comme au figuré. Ouvrez la fenêtre, aérez, sortez vous dégourdir les jambes…

☐ **MA « PAUSE-TECHNOLOGIE » :** coupez votre téléphone portable ou fermez votre messagerie pour vous concentrer, par exemple, sur une tâche ou un dossier en particulier. Autre idée : vous déconnecter (zéro consultation d'ordi, téléphone, tablette, télé) pendant une demi-heure, au moins deux fois par jour.

☐ **MA « PAUSE-MÉDIAS » :** et si vous essayiez de vivre sans infos, juste pour voir ?

☐ **MA PAUSE « RETRAITE »** (de yoga, méditation, etc.) le temps d'un week-end ou sur plusieurs jours.

☐ **MA « PAUSE** .... **»**

☐ **MA « PAUSE** .... **»**

☐ **MA « PAUSE** .... **»**

Mes rituels bonus

Intuitive body

Objectif : hydratation !

On l'a vu, l'intuition passe par le corps. En prendre soin est justement l'un des piliers de la démarche slow. Et cela commence par une bonne hydratation. Buvez-vous suffisamment d'eau tous les jours ? Pour y penser, programmez-vous une alerte pour boire un petit verre d'eau toutes les heures. Effet garanti !

Intuitive mindset

La matrice d'Eisenhower

Tout vous paraît important, si bien que vous êtes débordée, impossible de souffler ? Stop ! Pour ralentir, appliquez la matrice d'Eisenhower et classez vos tâches en 4 catégories :

1. Ce qui est important et urgent, autrement dit incontournable !
2. Ce qui est important, mais non urgent : relax, vous le ferez plus tard (fixez-vous une date limite pour ne pas oublier).
3. Ce qui n'est pas important, mais urgent : faites appel à un ami et déléguez.
4. Enfin, ce qui n'est ni urgent ni important : supprimez-le de votre to-do list !

Spiritual lifestyle

Mon evening routine

Dans l'optique d'équilibrer temps de repos et d'activité (une idée chère au slow movement), il est important de soigner votre sommeil. Pour cela, mettez en place une routine vespérale : 1. mangez léger et évitez les excitants (thé, café, tabac, alcool) ; 2. préparez vos affaires la veille pour le lendemain ; 3. éteignez tous les écrans, lisez un bon roman ou un magazine, remémorez-vous les moments agréables de votre journée ; 4. guettez les premiers signes d'endormissement (yeux qui piquent, bâillements, légers frissons, tête lourde, changement d'humeur…) et filez vous coucher.

« Une demi-heure de méditation est essentielle sauf quand on est très occupé. Alors une heure est nécessaire. »

Saint-François de Sales

Dimanche

Passion nature

L'effet de la nature sur notre santé n'est plus à prouver. Elle améliore notre bien-être. Et, cerise sur le gâteau : elle nous relie à notre part d'intuition !

La nature et ses bienfaits

Prendre un bon bol d'air, marcher pieds nus dans l'herbe, ramasser un coquillage sur le sable, sentir le vent frais sur son visage… Autant d'éléments qui nous font nous sentir bien. D'ailleurs, c'est prouvé par la science : de la couleur verte en passant par le choix des plantes dans nos intérieurs, aux bains de forêt, la nature améliore notre bien-être. Petit exemple (à l'appui des dernières recherches scientifiques) : la présence d'une fenêtre, avec vue sur la nature, réduirait maux de tête et petits problèmes de santé. De même, elle augmenterait notre capacité de concentration. Un simple morceau de verdure peut suffire !

Faites le plein de vitamine N !

La nature est donc indispensable à notre bien-être. D'où la nécessité d'avoir sa dose quotidienne de vitamine N (= Nature). Pour cela, rien de plus simple : vous pouvez aller vous promener, choisir un chemin arboré pour rentrer du travail, acheter une plante verte, passer un week-end à la mer ou en forêt, bref, ce qui compte, c'est la régularité ! D'autant qu'elle est aussi un excellent moyen d'accéder à notre intuition…

Nature × Intuition

Eh oui, la nature nous encourage à nous mettre à l'écoute de nos sens (rappelez-vous, ce sont autant de portes d'accès vers votre intuition). De même, elle a le pouvoir de nous ramener à l'essentiel. Il suffit d'une incursion en pleine nature pour nous en rendre compte : on oublie presque instantanément tous nos tracas du quotidien. En cela, elle nous aide à prendre du recul, nous invite au calme et à la douceur. Quoi de mieux pour se reconnecter à notre part intuitive ?

Mon rituel animal ou végétal

Prenez quelques minutes pour choisir votre animal ou votre végétal : une plante, un arbre, un brin d'herbe aromatique... Puis projetez-vous dans son corps : rien de tel pour développer vos capacités extrasensorielles !

*Installez-vous confortablement
dans un endroit où vous ne serez pas dérangée.
Choisissez votre végétal ou votre animal et visualisez-le :
sa forme, ses couleurs, sa texture...
Puis projetez-vous dans son corps. Que ressentez-vous ?
Vous pouvez même essayer de vous mouvoir comme lui. Jouez le jeu au maximum.
Observez tout ce qui vous entoure avec ses yeux, son ouïe, son odorat...
Bref, végétalisez ou animalisez-vous !*

Mon exo de sylvothérapie

Et s'il suffisait de câliner un arbre pour se sentir mieux ? C'est ce que propose la sylvothérapie, une approche naturopathique qui repose sur l'idée que le « bain de forêt » aurait un impact bénéfique sur notre santé.

1. Rendez-vous en forêt ou dans un parc arboré. Tout d'abord, prenez le temps d'observer la flore (reconnaissez-vous certaines espèces ?). Et respirez un grand coup pour vous recentrer, vous connecter à vos sens et vous ouvrir à votre intuition.

2. Ensuite, choisissez un arbre qui vous plaît ou vous attire pour une quelconque raison (pas besoin d'explication, c'est intuitif !). Installez-vous face à lui et contemplez-le. Peut-être sentez-vous déjà sa puissance…

3. Proposez-lui mentalement d'échanger avec vous quelques instants. Frottez vos paumes l'une contre l'autre, puis approchez-les à quelques centimètres du tronc et fermez les yeux. Il n'y a plus qu'à… ressentir !

4. Picotements, émotions, informations sous la forme d'une image, un mot, un son… Tout peut arriver. Il suffit de le vouloir, d'être prête à recevoir (d'ailleurs, vous donnez, vous aussi, à votre façon).

5. Enfin, lorsque l'échange est terminé, ouvrez les yeux. Posez une main sur votre plexus solaire, l'autre sur votre cœur. Vous sentez-vous ressourcée ? Peut-être même que cet échange vous a permis de vous reconnecter un peu plus à vous-même… N'oubliez pas de remercier l'arbre pour cela.

Mon petit herbier

Les plantes ont des pouvoirs insoupçonnés ! Saurez-vous les révéler grâce à votre intuition ? Retrouvez le nom de ces plantes grâce à leur représentation et leurs bienfaits.

LES PLANTES À RETROUVER : BASILIC · CAMOMILLE · GINGEMBRE · MENTHE POIVRÉE · SAUGE OFFICINALE · THYM

MON HERBIER

1 **SON NOM :** ....

Cette plante est bien connue pour lutter contre les troubles du sommeil (une tasse à boire avant le coucher). Elle a aussi le pouvoir d'éclaircir nos cheveux.

2 **SON NOM :** ....

Petites feuilles, grands effets ! Cette plante sera votre meilleure alliée contre le rhume.

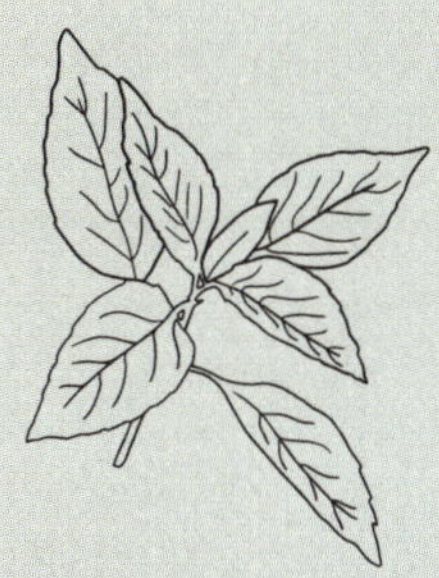

3 **SON NOM :** ....

C'est un redoutable antiseptique. Il suffit, par exemple, de frotter quelques-unes de ses feuilles sur une piqûre de moustique pour atténuer ses démangeaisons.

4 **SON NOM :** ....

Cette racine a la réputation d'être aphrodisiaque. Riche en vitamines et minéraux, elle est aussi un booster naturel pour améliorer notre système immunitaire. À utiliser râpée, découpée en fines lamelles, infusée, ou encore soupoudrée sur vos plats...

5 **SON NOM :** ....

Cette plante diminue l'inconfort digestif, régule le cycle menstruel et est un excellent fixateur de parfum (frottez une de ses feuilles sur votre peau avant d'appliquer votre parfum).

Infusée sous forme de thé, cette plante soulage les troubles digestifs (1 cuillère à soupe de feuilles sèches infusées dans 15 cl d'eau bouillante pendant 15 minutes).

6 **SON NOM :** ....

1. Camomille - 2. Thym - 3. Basilic - 4. Gingembre - 5. Sauge officinale - 6. Menthe poivrée

Mes rituels bonus

Intuitive body

La posture de l'arbre

Grand classique du Qi Gong (une discipline chinoise essentiellement basée sur le mouvement, la respiration et la concentration), la posture de l'arbre permet de se relier à la Terre et de laisser émerger d'éventuelles manifestations intuitives. Mettez-vous debout, les pieds parallèles, légèrement écartés (à la largeur du bassin). Fléchissez doucement les genoux et imaginez-vous… en train d'enlacer un arbre ! Autrement dit : paumes tournées vers vous-même, arrondissez vos bras à la hauteur de la poitrine. Prenez le temps d'apprécier le contact de vos pieds avec le sol, vous donnant force et équilibre. Inspirez, puis expirez, pour évacuer toutes les tensions accumulées par la plante des pieds. Essayez de maintenir cette position pendant au moins 5 minutes.

Intuitive mindset

Parlez aux plantes

Et si vous parliez aux plantes ? Beaucoup d'entre nous le font déjà, mais ne l'assument pas vraiment. Pourquoi ? C'est oublier l'idée que nous sommes tous interconnectés : humains, animaux, végétaux… Et puis, il semblerait que les plantes soient plus belles lorsqu'on leur parle ! Dans tous les cas, cela renforce vos perceptions intuitives et subtiles.

Spiritual lifestyle

Activité land art

Le land art est un courant artistique né aux Etats-Unis dans les années 60. Le but ? Créer une œuvre d'art à l'appui de ce que la nature nous offre : sable, galets, coquillages, bouts de bois… Partez en pleine nature, collectez ce qui vous inspire, puis mettez-vous à créer : un dessin sur le sable, une sculpture, une guirlande de fleurs… Bref, amusez-vous à communier avec la nature en suivant votre intuition !

« Si nous prenons la nature pour guide, nous ne sous égarerons jamais. »

Cicéron

SEMAINE 3

Place à la magie DE L'INTUITION !

Envie de mettre plus de magie dans votre vie ? C'est par ici ! Jusqu'ici, vous avez appris à déployer vos sens, à prendre confiance en votre intuition et à vous ouvrir aux signes et autres coïncidences. Maintenant, on le sait, vous êtes prête à passer à l'étape supérieure, c'est-à-dire percevoir « au-delà » de vos 5 sens, recevoir des messages plus subtils et sourire à la vie !

Lundi

GOOD VIBES ONLY

On attire ce que l'on projette. Autrement dit, si vous avez un projet, une envie, que vous le nourrissez d'amour et d'attention, vous distinguerez plus facilement les signes et les opportunités qui vous permettront de le réaliser. C'est ce que l'on appelle la loi de vibration ou d'attraction.

Le principe ? Tout est énergie !

La découverte est récente (elle date des années 60) et peut encore en surprendre plus d'un : notre corps émet des ondes électromagnétiques. Certaines sont mesurables, comme les ondes cérébrales (les ondes alpha et thêta en tête, lorsque l'on médite ou se détend, par exemple), d'autres sont plus subtiles mais tout aussi réelles ! Chacun de nous aurait donc son propre niveau d'énergie, aussi appelé taux vibratoire, et bien souvent mesuré en Unité Bovis (UB).

L'échelle de Bovis

Loin d'être considérée comme une science, l'échelle de Bovis a été inventée dans les années 30 par André Bovis. Celui-ci souhaitait connaître le niveau de vitalité des aliments. Il a alors établi une échelle permettant de mesurer l'énergie émise par un corps (le fameux taux vibratoire) : l'échelle de Bovis était née ! Depuis, cette échelle a largement été utilisée et s'applique désormais aux personnes, animaux, végétaux, objets, ou encore lieux. Bref, tout ce qui nous entoure ! Maintenant que vous avez appris à aiguiser vos 5 sens, il est temps d'aller « au-delà » en percevant intuitivement l'énergie des autres et, tant qu'à faire, en s'entourant de belles personnes !

Objectif good vibes !

Eh oui, cela peut paraître surprenant (parce que non « visible »), pourtant il est possible de percevoir l'énergie des autres. De même, en diffusant des ondes positives autour de vous (en faisant preuve d'empathie, par exemple), vous allez pouvoir attirer du positif dans votre vie et… développer toujours plus votre intuition. En effet, qui dit pensée positive dit ouverture de cœur et d'esprit : un duo gagnant pour accéder à notre intuition !

Mon rituel du pendule self-energy

Quel est votre taux vibratoire ? Pour le savoir, rien de plus simple. Munissez-vous d'un pendule (certains utilisent aussi une bague au bout d'une chaînette...) et suspendez-le au-dessus du cadran Bovis tout en posant la question suivante : « Quel est mon taux vibratoire ? » Votre pendule ne devrait pas tarder à osciller... Magique ! Il vous indiquera alors votre taux vibratoire à cet instant précis.

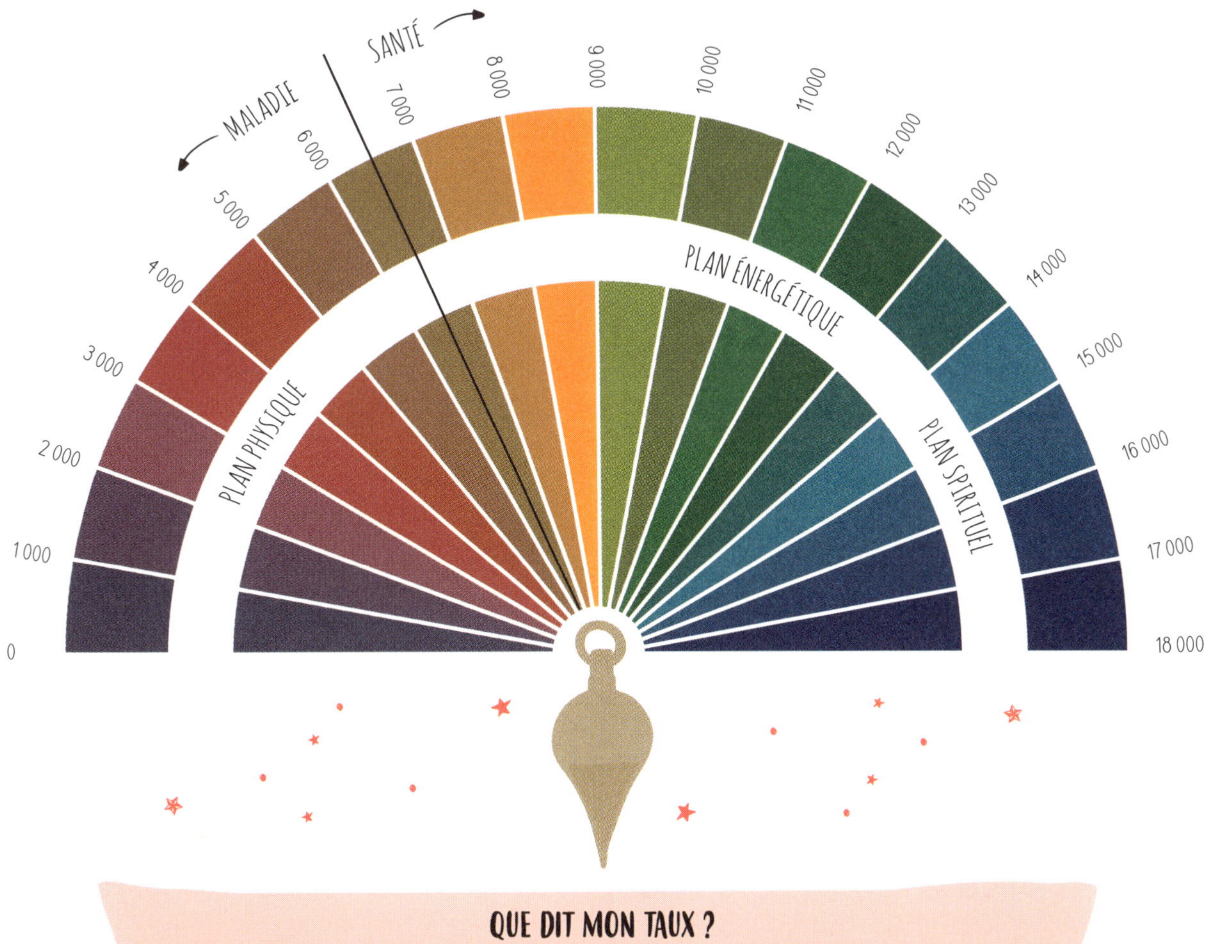

QUE DIT MON TAUX ?

Le taux vibratoire serait révélateur de notre état de santé. Par exemple, en-dessous de 6 500 UB, on considère qu'il y a un déséquilibre physique. À partir de 6 500 UB, on fait preuve d'une certaine vitalité (le taux vibratoire d'une personne est souvent situé entre 8 000 et 12 000 UB). Enfin, au-delà de 14 000 UB, on démontrerait des capacités extrasensorielles.

Mon rituel de connexion aux énergies des autres

Visualisez une personne que vous connaissez bien. Essayez de vous connecter à elle, par la pensée, et attendez. Listez chaque perception : son, image, émotion, ressenti, et… comparez ! Exemple : si vous avez perçu un malaise, cette personne vous apprendra peut-être, au détour de la conversation, qu'elle a passé une mauvaise journée…

Je me connecte à :

- ....
- ....
- ....
- ....

Mon intuition perçoit de son énergie :

- ....
- ....
- ....
- ....

Hello troisième œil !

Le sixième chakra – autrement appelé chakra du troisième œil ou Ajna – symbolise la porte de notre intuition. Grâce à lui, nous pouvons voir au-delà de la réalité (en ressentant les énergies subtiles, par exemple) et accéder à une meilleure compréhension du monde. Souvent représenté par un point rouge au milieu du front chez les Hindous (le bindi), le troisième œil se situe au milieu du front, légèrement au-dessus des sourcils. Éveillez-le !

1. Joignez vos deux index à hauteur des yeux.

★

2. Approchez-les de votre front, le plus lentement possible (vous allez vous mettre à loucher).

★

3. Fermez les yeux tout en continuant à approcher vos index. Vous allez finir par toucher, du bout des doigts, un endroit sur votre front, et c'est justement là que se situe votre troisième œil !

★

4. Tentez de recevoir des messages subtils.

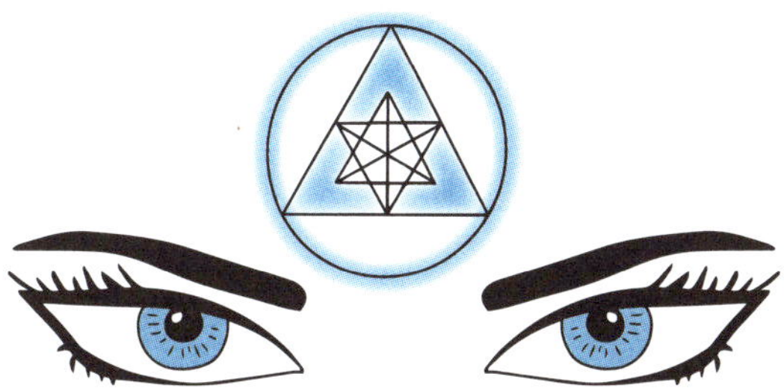

Mes rituels bonus

Intuitive body

Nos cheveux, de véritables antennes !

Vous l'avez certainement déjà remarqué : nos cheveux sont électromagnétiques (il suffit de retirer un pull par la tête et, hop, voilà que nos cheveux sont en l'air !). Cela veut dire qu'ils conduisent l'énergie (bonne ou mauvaise). Pensez donc à vous brosser régulièrement les cheveux. De même, il serait conseillé de les attacher lorsque vous vous trouvez dans des lieux chargés d'énergie (les transports en commun, par exemple). À l'inverse, il serait utile de les détacher si vous êtes à la recherche d'informations et autres manifestations intuitives.

Intuitive mindset

Smile !

Un sourire ne coûte rien et produit beaucoup, que ce soit pour vous ou pour les autres. Certains disent même qu'il élèverait notre taux vibratoire. Alors, pourquoi s'en priver ? Souriez !

Spiritual lifestyle

Intuition boost avec le chakra du troisième œil

Maintenant que vous avez trouvé votre troisième œil, apprenez à le stimuler ! N'hésitez pas à inviter la couleur bleu indigo dans votre vie ; portez ou gardez à proximité de vous des pierres bleues : sodalite, lapis-lazuli – dans l'Egypte ancienne, le lapis-lazuli était une pierre sacrée, symbole d'Isis, déesse de la Vérité, qui le portait sous forme d'oudjat, « l'œil qui voit tout » –, saphir – sorcières et ecclésiastiques s'accordaient à dire, au Moyen-âge, qu'il conférait le don de prophétie. Enfin, on dit que le son « AUM » (prononcez « OOOOOOOoooooommmmmmm » sur toute la durée d'une expiration) le fait particulièrement vibrer. Prononcez-le régulièrement (chaque jour par exemple).

« Le sourire que tu envoies revient vers toi. »

Proverbe hindou

Mardi

Sur la même longueur d'âme

Cela nous est tous arrivés, au moins une fois, de sentir, sans trop savoir pourquoi, que ça « collait » avec telle ou telle personne. Alors : intuition ou pas ?

Intuition et langage corporel

Figurez-vous que l'intuition est « branchée » sur le langage corporel. Concrètement, de quoi s'agit-il ? Ce sont toutes ces petites mimiques – ces gestes, regards, rictus... – qui apparaissent alors que vous êtes en pleine conversation avec quelqu'un et qui peuvent vouloir dire « non » alors que, pourtant, on l'aurait juré, vous venez de dire « oui ». En bref, c'est le langage du corps qui échappe à notre contrôle et occupe une place prépondérante dans nos échanges... Nous le percevons intuitivement.

La règle « 7-38-55 »

D'après une étude menée par le professeur Albert Mehrabian dans les années 70, notre message serait transmis à hauteur de 7 % par le choix des mots (communication verbale), 38 % par notre intonation (communication vocale) et 55 % par le langage corporel, soit un total de 93 % pour la communication non verbale ! On vous livre quelques pistes pour affiner votre perception intuitive du langage corporel et mieux décrypter intuitivement ce que l'autre pense ou vit.

Signes d'ouverture et de fermeture

Globalement, le corps exprime l'ouverture ou la fermeture à l'aide de petits signes, parfois infimes, qui nous font, la plupart du temps, arriver à une conclusion intuitive, du genre : « Il n'a pas l'air à l'aise », « Je ne l'intéresse pas »... Très souvent, les signes d'ouverture s'apparentent à des gestes larges et amples, un sourire franc, la tête légèrement penchée sur le côté, bref, un peu tout ce que vous faites lorsque vous êtes à l'aise avec quelqu'un. À l'inverse, les signes de fermeture correspondent aux bras croisés (un peu cliché, mais il y a du vrai...), aux mouvements de recul (s'enfoncer dans son siège, par exemple), à une voix anormalement aigüe ou à un flux de paroles continu... Mais tout dépend du contexte, il est donc important d'en tenir compte (et votre intuition sera votre meilleure alliée) !

Mon rituel intuition on a date

Apprenez dès maintenant à repérer les signes collectés par votre intuition, à votre insu, pour savoir si vous lui plaisez !

- [ ] Cherchez son regard. S'il (elle) passe son temps à vous regarder, c'est plutôt bon signe.

- [ ] Si vous lui plaisez, il (elle) va vouloir se rapprocher de vous… Physiquement et émotionnellement. En clair, cherche-t-il (elle) votre compagnie ? Est-ce qu'il lui arrive de « provoquer » les choses pour vous voir ?

- [ ] Enfin, pose-t-il (elle) des questions sur ce que vous faites ? ce que vous aimez ? Bref, s'intéresse-t-il (elle) à vous ? Si tel est le cas, suivez votre intuition et foncez !

- [ ] --
- [ ] --
- [ ] --
- [ ] --

Ma boîte à trésors

Notez ici, comme autant de trésors, tout ce que l'intuition et les énergies perçues vous ont appris sur vous-même ou sur les autres.

- ✷ --
- ✷ --
- ✷ --
- ✷ --
- ✷ --
- ✷ --
- ✷ --
- ✷ --
- ✷ --

Mon cercle des âmes sœurs

Vous aussi, vous rêvez de rencontrer votre âme sœur ? Bonne nouvelle : nous sommes tous des âmes sœurs à condition de s'intéresser à ce qui nous lie. Aujourd'hui, prenez le temps de vous interroger : qu'avez-vous en commun avec cette personne ? Cela peut être un besoin d'appartenance, une envie, une situation partagée… À la clé : des liens plus forts, des relations authentiques et une connexion renforcée avec votre intuition !

MES RITUELS BONUS

Intuitive mindset

Empathie, me voilà !

L'empathie suppose de comprendre ce que l'autre vit ou ressent, sans forcément s'impliquer émotionnellement. Un bon exercice pour la mettre en pratique est d'apprendre à poser des questions ouvertes : « Qu'est-ce qui se passe ? », « Comment vis-tu cette situation ? ». Puis de reformuler avec vos propres mots, sans jugement de valeur ni conseil. Ainsi, vous musclez votre fibre empathique et votre intuition avec !

Intuitive mindset

Je teste la télépathie !

Pour cela, il va vous falloir une dizaine d'images (photos, cartes postales, etc.), du papier et un stylo. L'idéal étant d'être 3 : un « émetteur » qui envoie le message, un « récepteur » (vous) chargé de recevoir ce message et un « contrôleur » qui organise et contrôle le bon déroulement de la séance. 1. Le contrôleur présente une série d'images (qu'il est le seul à connaître) à l'émetteur ; 2. Celui-ci en choisit une, sans la lui montrer ; 3. L'émetteur se concentre sur l'image choisie, la regarde attentivement et pose une intention en conséquence, pour envoyer un maximum d'informations, par la pensée, au récepteur. Le récepteur, quant à lui, est invité à écrire et dessiner tout ce qui lui vient à l'esprit : mots, phrases, idées, formes, sensations, etc. ; 4. Le contrôleur présente l'intégralité des images au récepteur qui doit désigner celle qui, selon lui, se rapproche le plus de tout ce qu'il a pu percevoir. Si l'image et la description coïncident, bingo !

Spiritual lifestyle

« J'aime... »

Dressez la liste de tout ce que vous aimez en commençant par « J'aime », puis énoncez-la à haute voix. À chaque fois que vous prononcerez une nouvelle phrase, vous ouvrirez un peu plus votre cœur et accéderez plus facilement à votre intuition puisqu'elle est la voie du cœur !

« Je t'aime parce que tout l'univers a conspiré à me faire arriver jusqu'à toi. »

PAULO COELHO

Mercredi

TOUTES UN PEU MÉDIUMS

De l'intuition à la médiumnité, il n'y a qu'un pas… L'une comme l'autre implique de se mettre à l'écoute de nos sens et, surtout, d'accepter l'idée que l'on ne peut pas tout expliquer. On sait, mais on ne sait pas comment ni pourquoi. C'est là toute la magie ! La médiumnité est un stade avancé de l'intuition.

La médiumnité, qu'est-ce que c'est ?

On a toutes en tête l'image de Madame Irma, capable de nous prédire l'avenir, voir des fantômes, et pourquoi pas, entendre des voix... Résultat, tout cela peut nous paraître un peu... perché ! Et si l'on mettait tous nos préjugés de côté ? La médiumnité, c'est la capacité à percevoir des messages subtils. Ni plus ni moins. Comment ? À l'aide de nos sens et, éventuellement, de certains supports, comme les cartes, les runes, le pendule…

Différents types de médiums

Il existe autant de médiums que de sens (la communication médiumnique étant essentiellement sensorielle). Pour n'en citer que quelques-uns :

- Le médium clairvoyant : il voit des images fixes ou qui défilent. Il peut aussi avoir des « flashs », un peu comme Phoebe Halliwell dans la série *Charmed*.
- Le médium clairaudient : il entend des voix (intérieures ou extérieures), des bruits…
- Le médium sensitif : il ressent des ambiances ou encore des présences. De même, il peut être submergé par des sensations.

Vous l'aurez compris, la médiumnité n'est pas plus un don que l'intuition. Nous sommes toutes un peu médiums, à différents degrés.

Mon autel divinatoire

Rien de tel qu'un autel pour se (re)connecter à son intériorité ! Commencez par choisir un emplacement qui vous plaît (une étagère, un petit coffre dans votre chambre…). Puis, partez à la recherche des objets qui vous sont chers et vous inspirent, en veillant à représenter les 4 éléments : l'air, la terre, le feu et l'eau. En attendant, vous pouvez colorier cet autel. Vous l'aurez compris, créer votre autel, c'est vous ouvrir à l'intuition et à la médiumnité !

Mon rituel de radiesthésie

Le pendule est un incontournable des arts divinatoires. Vous pouvez établir un « code » avec lui. Par exemple, s'il oscille sur la droite, vous saurez que c'est un « oui ». À défaut, ce sera « non ». Suspendez au-dessus de ce cadran votre pendule en le tenant entre le pouce et l'index, puis posez-lui la question suivante : « Quel conseil me donnes-tu aujourd'hui ? » Le mouvement du pendule vous donnera la réponse !

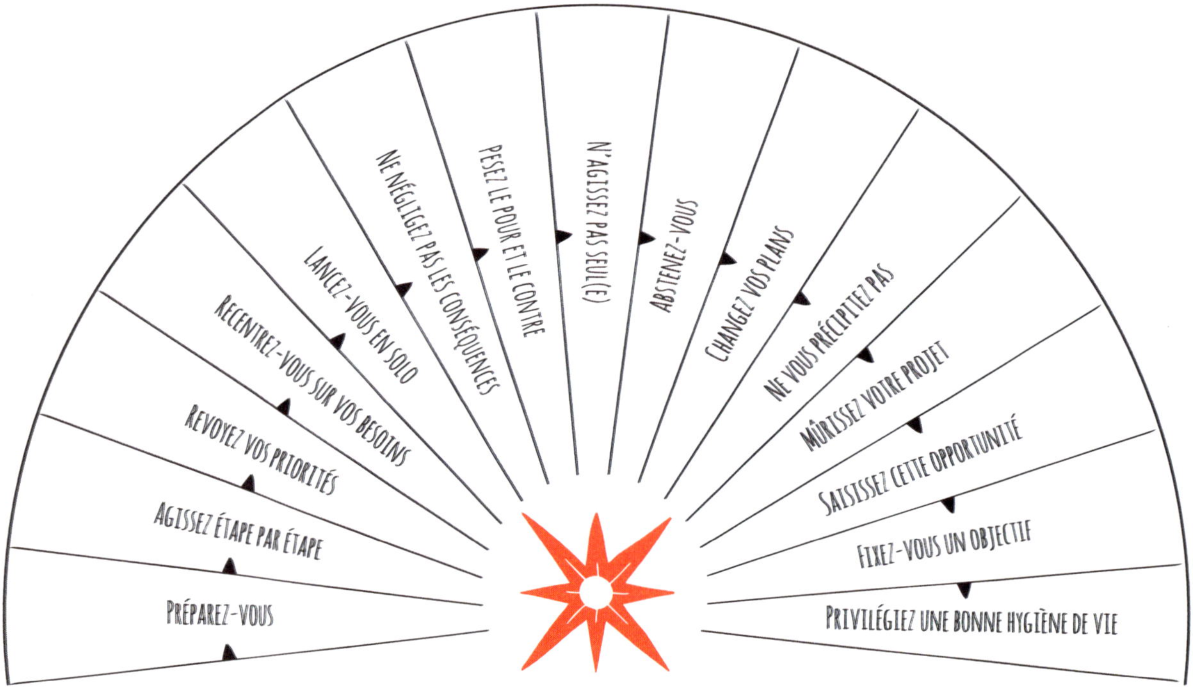

Mon élixir de médiumnité

Créez votre élixir de médiumnité à base de jasmin pour développer vos capacités ! Le jasmin contribue à apaiser l'esprit, calme le mental et favorise la perception de messages subtils. Alors, prête à vous ouvrir à la magie de cette fleur ?

1. Disposez de belles fleurs de jasmin (blanches en été, jaunes en hiver) dans un récipient rempli d'eau de source. Exposez-le environ 4 heures au soleil.

2. Filtrez l'eau de source au jasmin (pour ne récupérer que l'eau !).

3. Dans un flacon compte-gouttes de 30 ml, versez 15 ml de cognac puis complétez avec l'eau filtrée. Secouez bien. C'est ce qu'on appelle la teinture-mère (durée de conservation : 5 ans maximum, à l'abri de la chaleur et de la lumière).

4. Dans un second flacon compte-gouttes de 30 ml, versez 30 ml de cognac et ajoutez 6 gouttes de teinture-mère. Secouez, et c'est fini ! Prenez 3-4 gouttes de cet élixir, à diluer dans un peu d'eau.

Mes rituels bonus

Intuitive body

Lire dans les mains

Toujours à la lecture de nos mains, certaines caractéristiques pourraient indiquer une prédisposition à la voyance. Par exemple, une peau souple et fine signale une forte réceptivité. De même, si vos monts, situés à la racine de chaque doigt, sont charnus. Enfin, la longueur de vos doigts est un bon indice : plus ils sont longs et fins, plus vous seriez en mesure de capter tout un tas d'informations !

Intuitive mindset

La médiumnité, c'est aussi accepter... la non-réponse !

Eh oui, il n'y a pas toujours de réponse. Votre faculté à percevoir tel ou tel message, votre pendule, ou tout autre support, peuvent rester silencieux à vos interrogations. Ne remettez pas pour autant en question vos capacités médiumniques. Il se peut que vous deviez en passer par là… Un nouveau défi à relever sur votre chemin de vie !

Spiritual lifestyle

Mon tirage du jour

Pour connaître l'énergie de cette journée, répondre à une question ou tout simplement vous amuser, tirez une carte (vous pouvez utiliser un jeu de tarot ou un oracle, par exemple). Cette carte vous inspire-t-elle ?

« Le passé et le futur n'existent qu'en relation avec toi ;
tous deux ne sont qu'un, c'est toi qui penses qu'ils sont deux. »

Rûmî

Jeudi

S'OUVRIR À L'INCONNU

« L'esprit, c'est comme un parachute. Ça marche mieux quand c'est ouvert », dixit le Dalaï Lama ! Plus vous allez vous ouvrir aux signes et aux coïncidences, plus vous allez en apercevoir dans votre vie.

Gardez l'esprit ouvert !

Pour commencer, il s'agit de rester attentive. Se rendre disponible. En clair, tenez-vous prête à accueillir les événements à venir. Quels sont les signaux ? Qu'ils soient forts ou faibles, ouvrez grand les yeux, dressez l'oreille (vous cherchez un appartement dans le quartier et il se trouve que vous entendez justement la concierge de l'immeuble parler d'un déménagement), sentez l'intérêt de participer à tel ou tel événement pour rencontrer de nouvelles personnes, peut-être elles-mêmes porteuses d'opportunités… Mode chance activé !

Là où commence la chance…

L'intuition implique une certaine tolérance face à l'incertitude, et c'est justement cet état d'esprit qui va favoriser la survenance de belles découvertes ! Sérendipité, nous voilà ! C'est l'art de découvrir « par hasard » – mais grâce à cet état d'esprit « aware » (poke Jean-Claude Van Damme !) – ce que l'on ne cherchait pas. Et les exemples de sérendipité ne manquent pas ! Rappelez-vous Christophe Colomb, qui a finalement découvert l'Amérique, alors qu'il était en route pour les Indes…

Je passe en mode… sérendipité !

Cultiver la sérendipité revient donc à saisir les opportunités du quotidien. Mais attention à ne pas voir des opportunités partout ou à se laisser porter par les événements… La sérendipité est un principe « actif ». Autrement dit, vous, et vous seule, avez le pouvoir de tirer profit des circonstances imprévues afin de satisfaire vos besoins et vos envies profondes, d'où l'importance de les connaître. Plus ce sera clair dans votre tête, plus vous serez à même de détecter les « bonnes » opportunités pour vous. En attendant, on vous encourage à bousculer vos habitudes, prendre des risques et accepter l'inconnu, terreau d'une intuition fertile !

Mon rituel habits shaker

Rien de nouveau sous le soleil. Aussi, pour susciter la survenue d'opportunités, repérez au moins 3 de vos habitudes et essayez de faire la même chose différemment (si, tous les matins, vous buvez un café, tentez un chocolat, un thé ou un smoothie ; si vous mangez tous les midis au même endroit, changez, etc.). Qui sait quelles découvertes et quelles opportunités peuvent se présenter à vous à l'occasion de ces changements ?

Ma journée 100 % intuition

Vivez une journée 100 % intuition. L'idée ? Abandonner les « je dois », « il faut » pour accueillir vos manifestations intuitives le temps d'une journée. Au programme : laisser la journée suivre son cours… sans plan. Vous avez envie de pousser la porte de tel ou tel endroit ? Allez-y ! Vous ne savez pas où aller ? Mettez-vous en mouvement et le reste suivra. L'idée, c'est d'expérimenter, de faire des découvertes ou des rencontres qui, peut-être, changeront votre vie !

JE SUIS ALLÉE

J'AI FAIT

MES DÉCOUVERTES/RENCONTRES/IDÉES/INTUITIONS

MES DÉCOUVERTES/RENCONTRES/IDÉES/INTUITIONS

Mon rituel confiance pour m'ouvrir à l'inconnu

L'inconnu vous fait peur ? Ne vous inquiétez pas, vous êtes pleine de ressources. Et si vous dessiniez votre jardin secret pour vous en convaincre ? Prenez vos plus beaux stylos et lancez-vous. Imaginez votre monde intérieur comme un magnifique jardin dans lequel vous pouvez planter, cultiver vos fameuses ressources intérieures, vous promener… Autant de choses qui vous rendent forte et vous donnent confiance pour vous ouvrir à l'inconnu et à votre intuition !

Mes rituels bonus

Intuitive body

Jeu de l'ice cream critic

Ouvrez-vous à l'inconnu et à l'intuition ! Les yeux bandés, essayez de deviner le ou les parfums de glace que quelqu'un d'autre aura choisi pour vous. Sens olfactif : sentez la glace mystère et décrivez son odeur. Sens du toucher : remarquez-vous quelque chose au niveau de sa texture (lisse, granuleuse, peut-être même avez-vous senti des copeaux…) ? Sens gustatif : reconnaissez-vous certains goûts ? Enfin, essayez de deviner le parfum mystère. Que votre intuition vous dit-elle ?

Intuitive mindset

Petit éloge de la curiosité

Un esprit intuitif est un esprit ouvert. La question est donc la suivante : que pourriez-vous apprendre aujourd'hui ? Très souvent, on n'ose pas poser de questions par peur du ridicule… Là, c'est le moment ! Autorisez-vous à poser des questions, cherchez, lisez, bref, intéressez-vous au monde qui vous entoure. Il y a tellement de choses à découvrir !

Spiritual lifestyle

Petit conte à méditer : Le paysan et le cheval blanc

Un paysan possédait un cheval blanc, dont il était très fier. Un jour, son cheval s'échappa de l'enclos. Les voisins s'empressèrent de lui dire : « Quelle malchance ! », ce à quoi il répondit : « Peut-être. » Le lendemain, le cheval revint à la ferme avec 12 juments. Les voisins du fermier s'extasièrent : « Quelle chance ! », ce à quoi le fermier répondit : « Peut-être. » C'est alors que le fils du fermier décida de monter l'une des juments et se cassa la jambe. « Quelle malchance ! » commentèrent les voisins, tandis que le fermier répondit à nouveau : « Peut-être. » Quelques jours plus tard, la guerre éclata. Tous les jeunes hommes furent enrôlés dans l'armée, à l'exception du fils du fermier qui avait, rappelez-vous, la jambe cassée ! Moralité : l'inconnu et l'imprévu peuvent se transformer en chance ou en malchance, ce n'est qu'une question de point de vue…

« Ne rien prévoir, sinon l'imprévisible. Ne rien attendre, sinon l'inattendu. »

Christian Bobin

Vendredi

Apprendre de ses échecs

Vous le trouvez désagréable et faites tout pour l'éviter ? L'échec est pourtant une formidable occasion d'apprendre, grandir et progresser sur la voie de l'intuition.

Un mot à l'origine controversée

Certains l'affirment, le mot « échec » viendrait de l'arabe, « al cheikh mat », qui correspond à la fameuse expression « échec et mat » ou « le roi est mort ». L'échec serait alors synonyme de défaite. D'autres, au contraire, pensent qu'il pourrait provenir du persan, « sha mat », qui signifie « le roi est étonné ». Tiens, tiens... L'échec serait-il une source d'émerveillement ? Enfin, il pourrait aussi être un terme du vieux français, « eschec », qui désigne... le butin ! Alors, là, plus aucun doute : l'échec serait le signe d'une victoire éclatante ! Bref, vous l'aurez compris, l'échec peut être aussi bien positif que négatif. Et s'il ne revenait qu'à nous de le transformer de manière positive ?

Du « sentiment d'échec »... au dépassement de soi

Comme l'explique si bien le maître tibétain Chögyam Trungpa Rinpoché, nous avons le choix. En situation d'échec, nous pouvons rester là, à nous morfondre, ou, au contraire, décider de nous lever et nous remettre à avancer. C'est alors que l'échec devient l'occasion de se poser des questions (« Pourquoi ça n'a pas marché ? »), de faire la part des choses (ce n'est pas parce que j'ai raté que je suis une ratée...) et d'aller de l'avant.

Quels bienfaits sur notre intuition ?

Passée la déception, l'échec crée en nous un espace propice au calme et à la réflexion. On se rend disponible pour quelque chose de nouveau, que l'on ne connaît pas encore... Quoi de mieux pour accueillir nos manifestations intuitives ? Nous sommes alors libres de suivre notre intuition – ou non. Échouer. Essayer encore. Échouer mieux. C'est la condition pour développer notre intuition et prendre (toujours plus) confiance en elle !

Pour moi, l'échec, c'est…

Quels sont les 3 premiers mots qui vous apparaissent à la lecture de cette grille ? Correspondent-ils à votre définition de l'échec ? Une chose est sûre : vous n'êtes pas tombée dessus par hasard…

S	B	U	F	E	U	L	G	I	F	T	M	P	C	X	X	Q	E	D	A
O	Z	I	P	Q	R	M	O	B	S	T	A	C	L	E	X	H	R	K	X
H	R	Z	A	T	H	R	S	Y	V	K	R	S	U	R	P	R	I	S	E
S	V	R	V	W	S	I	E	W	C	H	A	N	G	E	M	E	N	T	Y
Q	U	M	U	E	S	N	J	U	Y	M	J	K	I	B	E	Q	V	I	K
G	H	T	R	A	N	S	F	O	R	M	A	T	I	O	N	A	R	I	T
Z	G	W	N	P	E	U	D	P	E	A	I	R	Q	N	E	J	A	O	U
I	G	Z	Y	P	X	C	X	P	A	L	A	I	Z	D	X	S	K	F	P
A	S	T	B	R	F	C	X	O	X	H	Q	S	E	I	Y	T	V	P	S
X	R	A	A	E	J	E	P	R	K	E	A	T	G	R	R	P	A	A	E
M	J	K	W	N	O	S	A	T	H	U	R	E	H	S	N	J	N	W	R
Q	P	H	H	T	F	R	R	U	J	R	O	S	V	A	K	W	I	Q	J
R	R	E	Y	I	O	Y	Q	N	M	R	S	S	Z	T	X	S	E	Z	U
P	Z	A	G	S	A	S	X	I	D	E	C	E	P	T	I	O	N	R	V
M	S	U	T	S	K	W	V	T	U	J	A	H	I	G	G	Z	P	M	M
P	A	G	Z	A	M	E	R	E	I	N	V	E	N	T	E	R	S	M	E
A	A	S	S	G	S	K	M	P	Z	T	E	Y	P	E	Q	I	U	K	V
D	R	C	Q	E	E	A	I	U	Y	R	W	F	C	O	R	F	Q	E	Y
Y	M	F	V	C	R	Z	Y	Q	P	O	M	V	S	Y	P	Z	M	G	Y

Opération recyclage positif

Même en situation d'échec, trouvez des opportunités grâce à l'intuition ! Remémorez-vous un échec et voyez comment vous pouvez en tirer parti !

Ce que je me suis dit intérieurement (jugement, autocritiques...) :

....
....
....

Ce que j'ai ressenti (peur, doute, colère, tristesse...) :

....
....
....

Qu'y a-t-il de positif là-dedans ? Qu'est-ce que cela m'apprend ?

....
....
....

▶ Enfin, passez à l'action ! Une issue heureuse et inespérée (merci l'intuition !) pourrait bien se présenter à vous...

Ma dernière situation d'échec :

....
....
....

Mes tuteurs de résilience

Que ce soit après un échec ou avant de se lancer dans un nouveau projet, il est important de s'appuyer sur des « tuteurs de résilience ». Ce sont des personnes – encore vivantes ou non – qui vous aident à croire en vous et en votre intuition. Qui sont-elles ? Remémorez-vous un moment partagé avec l'une d'elles et laissez-vous envahir par le sentiment de bien-être que cela vous a procuré.

Mon soutien n° 1 :

....

Comment me soutient-il (elle) ?

....

....

Mon soutien n° 2 :

....

Comment me soutient-il (elle) ?

....

....

Mon soutien n° 3 :

....

Comment me soutient-il (elle) ?

....

....

Mon soutien n° 4 :

....

Comment me soutient-il (elle) ?

....

....

Mon soutien n° 5 :

....

Comment me soutient-il (elle) ?

....

....

Mes rituels bonus

Intuitive body

Power Pose

Besoin de reprendre confiance en vous et votre intuition ? Pour ce faire, on vous suggère deux poses (eh oui, le corps aussi a un impact sur l'esprit !). La première : ouvrez les bras, reculez les épaules et écartez les jambes. La seconde : mettez vos pieds sur la table, mains derrière la tête et coudes écartés. Maintenant, tenez la pose que vous aurez choisie pendant deux minutes. Résultat garanti !

Intuitive mindset

Mon kit de survie en milieu hostile

Listez toutes les activités qui vous régénèrent ou vous reconnectent à votre intériorité et votre intuition : marcher, courir, écrire, cuisiner... Gardez précieusement cette liste et ressortez-la par temps difficiles. Vous pourrez alors piocher dedans. Objectif : surmonter la difficulté rencontrée avec plus de facilité !

Spiritual lifestyle

Ma pierre magique

Aujourd'hui, choisissez une pierre, n'importe laquelle, pourvu qu'elle vous plaise et vous attire. Vous pouvez vous rendre dans un magasin spécialisé ou en sélectionner une parmi votre collection personnelle. Laissez-faire votre intuition : elle vous mènera tout droit à la pierre dont vous avez besoin en ce moment même pour surmonter l'épreuve.

« Le succès c'est d'aller d'échec en échec sans perdre son enthousiasme. »

Winston Churchill

Samedi

Prendre confiance

Plus vous allez avoir confiance en vous, plus vous allez avoir confiance en votre intuition et plus vous serez prête à la suivre sans crainte. Alors, comment développer votre confiance en vous ? Surmonter les échecs est un bon moyen, tout comme ancrer vos réussites !

Soyez fière de vos réussites !

Dès qu'il s'agit de parler de nos réussites, on se sent bien souvent mal à l'aise, on hésite, on minimise (tout en étant la première à reconnaître celles des autres !), voire, pire, on les a déjà oubliées ! Prenez le temps de réfléchir à tout ce que vous avez accompli, ne serait-ce que ces 3 dernières semaines. Vous serez agréablement surprise. Prenez-en conscience pour pouvoir dire haut et fort : « J'ai réussi et j'en suis fière ! » Ainsi, vous allez muscler votre confiance en vous.

Je fais le plein de confiance en moi !

La confiance, c'est la base de tout ! Elle nous permet d'avancer, de nous lancer dans de nouveaux projets, petits ou grands, avec l'idée que tout se passera bien ou, à défaut, que l'on s'en sortira. Oui, mais voilà, on ne part pas tous avec le même capital confiance. Nous vous avons donc réservé quelques exercices simples et pratiques pour travailler votre assurance. À la clé : une meilleure confiance en vous et en votre intuition.

Confiance en soi = intuition en mode +++ !

Plus vous allez avoir confiance en vous, plus vous serez capable de suivre votre intuition. Résultat, vous saurez plus facilement faire la part des choses entre vos peurs, vos besoins ou vos envies et votre intuition. Conséquence ? Vous allez rendre votre intuition toujours plus fiable et vous serez d'autant plus motivée pour faire appel à elle ! La boucle est bouclée !

Le blason de mes réussites

Quoi de mieux que créer le blason de vos réussites pour renforcer votre sentiment de fierté et de légitimité ? Inscrivez vos réussites, récentes ou lointaines, dans le blason ci-dessous. Il va vous (re)donner confiance en vous !

J'active ma brillance !

Il est grand temps de lister vos qualités, vos talents, tout ce pour quoi vous êtes douée, sans fausse modestie. Un seul mot d'ordre : shine ! En cas de baisse de régime, n'hésitez pas à relire cette page pour reprendre confiance en vous, en votre intuition… et briller de mille feux !

Mon rituel intuition pride

Cela fait presque 3 semaines que vous faites régulièrement appel à votre intuition. En avez-vous parlé autour de vous ? Eh bien, c'est le moment ! Partagez vos réussites, vos découvertes intuitives, toutes les raisons pour lesquelles vous avez bien fait de suivre votre intuition. Bref, devenez la première ambassadrice de votre intuition !

Mes victoires

CONCERNANT MON INTUITION

J'assume mon intuition

J'écoute mon intuition

1. ....
2. ....
3. ....
4. ....
5. ....
6. ....
7. ....
8. ....
9. ....
10. ....

Je la rends plus fiable

Je la connais mieux (et je me connais mieux)

Mes rituels bonus

Intuitive body

Allez, on danse !

Envie de célébrer une réussite ? Mettez de la musique… et dansez ! Laissez-vous aller. L'objectif ? Reprendre contact avec votre corps, vos émotions. Sur le même principe, il existe ce qu'on appelle la danse intuitive. Elle consiste à explorer le mouvement, à laisser libre cours à sa créativité. En bref, bougez comme vous l'entendez !

Intuitive mindset

Je trouve mon modèle !

Avoir un modèle, trouver une personne inspirante est important. Cela permet de nous dépasser (eh oui, on a un peu envie de faire pareil !) et, surtout, cela nous encourage à trouver notre propre voie. Alors, quelle est la personne que vous admirez le plus ? Pourquoi ? Il est fort probable que la personne admirée ait des qualités, une sensibilité ou des aspirations qui sommeillent déjà en vous (d'où la correspondance…). Explorez-les pour prendre confiance en vous et suivre votre intuition !

Spiritual lifestyle

Je gagne confiance en moi !

Un super mantra, à répéter régulièrement, surtout dans les moments de doute et de dévalorisation : « Je suis capable. Je suis digne. Je mérite. » Effet garanti !

« Croyez en vos rêves et ils se réaliseront peut-être. Croyez en vous et ils se réaliseront sûrement. »

Martin Luther King

Dimanche

FAIRE CONFIANCE À LA VIE !

Faire confiance à la vie, c'est continuer de croire, malgré les hauts et les bas, que la vie mérite d'être vécue et qu'elle nous réserve bien des surprises (sous la forme d'intuitions, par exemple) ! C'est s'abandonner au mystère de la vie, en quelque sorte…

Welcome to the Now Age !

Le Now Age (littéralement : « l'âge du maintenant ») est un mouvement qui nous vient tout droit des États-Unis. L'idée ? Faire son « coming-out » spirituel ! En clair, nous sommes invités à remettre de la spiritualité dans nos vies. Et pour cela, inutile de devenir croyant… En effet, comme l'indique le philosophe André Comte-Sponville (fervent défenseur d'une spiritualité laïque), la spiritualité serait davantage « une ouverture : aux autres, au monde, à l'infini disponible ». Alors, prête à devenir une spiritual girl ?

Osez la spiritualité !

Vous l'aurez compris, la spiritualité est une expérience à part entière. C'est un moment de grâce que tout un chacun peut ressentir. Que ce soit lors d'une séance de méditation, au contact de la nature, ou lorsque survient une intuition-insight (la fameuse « illumination »), par exemple. Elle nous procure de la joie, un sentiment de paix ou de sérénité, autant d'émotions « pro-intuition », que l'on peut cultiver en pratiquant des petits rituels au quotidien !

L'intuition, une nouvelle voie vers la spiritualité

L'intuition est étroitement liée à la spiritualité. Elle permet de mieux nous connaître, elle nous montre aussi que l'on ne peut pas tout expliquer. En cela, elle nous relie à une part d'invisible (seulement visible par le cœur, dirait Antoine de Saint-Exupéry). Enfin, elle nous invite à nous interroger sur le sens que l'on veut donner à notre vie. En bref, elle est un formidable outil pour s'engager sur la voie spirituelle !

Mes rituels gratitude attitude

Faire preuve de gratitude, c'est remercier quelqu'un ou quelque chose, comme la vie, pour tous ses bienfaits. Exprimer sa reconnaissance renforce la confiance en soi et en la vie ! Une attitude d'ouverture qui favorise votre intuition !

Mes petits rituels de gratitude tout au long de la journée

♥ Pratiquez une méditation dès le réveil, aussi appelée « méditation de la félicité » : asseyez-vous confortablement dans votre lit et remerciez la vie pour cette nouvelle journée qui commence et tous les cadeaux qu'elle va vous apporter. L'objectif ? Vous rendre plus disponible à tout ce qui va se présenter (dont ces fameux petits signes auxquels on ne prête souvent pas assez d'importance).

♥ Concentrez-vous sur ce que vous êtes, ce que vous avez, ce que vous faites, plutôt que sur ce que vous n'avez pas...

♥ Dites à vos proches combien vous les aimez et combien ils comptent pour vous. (Cela va sans dire, mais c'est toujours mieux en le disant !)

♥ Formulez 5 « merci » en fin de journée. Par exemple : « J'ai rendu service à untel, ce qui m'a permis de me sentir utile », « J'ai réussi à boucler tel dossier, merci à ma pugnacité ! »...

♥ --

♥ --

♥ --

♥ --

Mes rituels altruistes

Devenez plus altruiste ! Tout comme la gratitude, l'altruisme — qui consiste à s'occuper des autres de manière désintéressée — est un excellent moyen d'ouvrir son cœur et de se reconnecter à son intuition. Pour ce faire, dressez la liste des « bonnes actions » que vous pourriez mener (petits gestes ou attentions, activités tournées vers les autres) et coloriez le tracker associé dès que vous en faites une !

- ☐ Renseigner quelqu'un dans la rue
- ☐ Céder votre place dans les transports en commun
- ☐ Aider une jeune mère à porter sa poussette dans les escaliers ou une personne âgée à porter sa valise
- ☐ Vous engager dans un projet humanitaire ou faire quelques heures de bénévolat
- ☐ Écouter un ami en difficulté
- ☐ ------------------------------
- ☐ ------------------------------
- ☐ ------------------------------
- ☐ ------------------------------

C'est cadeau !

La vie nous offre des tas de petits cadeaux jour après jour. Eh bien, nous, aujourd'hui, on a décidé de vous offrir des mots : doux, puissants, encourageants. Repérez un ou plusieurs mots qui vous plaisent et recevez-les comme des cadeaux. Il n'y a plus qu'à attendre un coup de pouce de l'univers pour vous aider à les matérialiser dans votre vie ! (Comptez sur votre intuition pour vous guider.)

MES RITUELS BONUS

Intuitive body

Célébrez un repas !

On oublie trop souvent d'apprécier ce que l'on a. Alors, aujourd'hui, dérogez à cette mauvaise habitude en célébrant un repas ! Au moment de vous mettre à table, prenez le temps de savourer l'instant. Vous pouvez, par exemple, exprimer votre joie d'être là et de partager ce moment avec vos proches, remercier notre Terre-mère pour tous ses bienfaits… Bref, soyez pleine de reconnaissance envers la vie !

Intuitive mindset

Cadavre exquis

Inventé par les Surréalistes, le cadavre exquis est un exercice d'écriture collectif qui réserve de belles surprises (merci la vie !). Il suffit d'une feuille et de quelques stylos. Une première personne écrit un début de phrase, en haut de la page, qu'elle cache à son voisin en repliant la feuille. Puis, vient le tour du voisin : il continue la phrase sans en connaître le début, et ainsi de suite. Une fois que vous avez terminé, dépliez la feuille et découvrez l'histoire que vous avez créée tous ensemble !

Spiritual lifestyle

Pause « contemplation »

Contempler, c'est regarder attentivement quelque chose ou quelqu'un. On est comme « absorbée » par ce que l'on voit. Il peut s'agir d'un tableau, d'un paysage, d'un coucher de soleil, de la forme d'un nuage, d'une fleur, d'une coccinelle qui se pose sur votre bras… Bref, l'idée, c'est vous laisser toucher par la grâce de cet objet. Un moment magique où intuition et spiritualité ne font qu'un !

« Faire confiance à la vie. Oser y croire. Et rallumer les étoiles.
Une à une s'il le faut… »

ELORA MAISIE

Mon bilan

Vous voici arrivée au terme de la troisième semaine ! Bravo ! Désormais, vous avez une meilleure idée de ce qu'est l'intuition, comment elle fonctionne et, surtout, ce qui est efficace avec vous. C'est le moment de faire le bilan. Prenez quelques instants pour vous remémorer tout ce qui s'est passé : de votre idée de départ lorsque vous avez acheté ce livre à tout ce que vous avez pu expérimenter (techniques, petits exercices, rituels...). Puis, répondez à ces quelques questions.

Mon bilan

Qu'avez-vous appris sur vous-même ?

....

....

....

Qu'est-ce que l'intuition a apporté à votre vie ?

....

....

....

Quels sont les changements, petits et grands, que vous avez remarqués ?

....

....

....

Existe-t-il encore des freins (peurs, doutes, manque de confiance en soi, difficultés à lâcher prise...) qui vous empêchent d'écouter ou de développer votre intuition ? Si oui, lesquels ? Comment pouvez-vous les dépasser ?

....

....

....

Mon plan d'action

Notez ici toutes les actions que vous envisagez de réaliser pour continuer sur cette belle lancée… Cap sur votre bonheur !

- ☐ ....
- ☐ ....
- ☐ ....
- ☐ ....
- ☐ ....

Mes dernières observations

....

....

....

Enfin, n'hésitez pas à relire ce livre, il sera toujours là pour vous aider. Intuitive girl un jour, intuitive girl toujours !

Le petit conseil en +

Appuyez-vous sur ce livre et, éventuellement, sur votre carnet d'intuition, dans lequel vous avez pu consigner par écrit vos différentes expériences intuitives. Si ce n'est pas le cas, ce n'est pas très grave. Surtout, ne culpabilisez pas ! Peut-être que certains ajustements sont nécessaires… Qu'est-ce qui vous pourrait vous aider ?

Quelques pistes de réflexion :

- Soyez plus souple (prévoyez un moment pour écrire dans votre carnet une fois par semaine, par exemple), ou moins exhaustive. On peut avoir envie de « tout » écrire (surtout au début), mais ça peut prendre un peu de temps… Résultat, on cède facilement au découragement. Concentrez-vous sur l'essentiel.
- Maintenant que vous avez expérimenté des choses, commencé à apprivoiser votre intuition, capitalisez sur vos victoires personnelles, plutôt que sur les difficultés rencontrées, et fixez-vous de nouveaux défis. Bref, personnalisez !

En résumé : les 10 commandements de l'intuitive girl

1. Confiance en ton intuition tu auras

Eh oui, la confiance est la base de tout ! Ce n'est pas toujours facile : on peut se tromper, on ne s'explique pas toujours tout (pourquoi je le sens pas ?), et notre intuition peut parfois nous emmener très loin de ce que l'on aurait pensé, mais c'est la clé pour l'écouter et la rendre, au fil du temps, de plus en plus fiable.

2. Tes 5 sens tu aiguiseras

Vous l'aurez compris, qui dit sens dit intuition. Ils nous donnent accès à notre intuition, alors ouvrez grand la porte, et stimulez-les !

3. Disponible tu seras

Il est important de se réserver de temps en temps des petits moments, rien que pour soi. Pause, séance de méditation, activité plaisir… permettent de se reconnecter à soi et donc, forcément, à son intuition.

4. À demander pour recevoir tu apprendras

L'intuition est spontanée, certes, mais elle peut aussi être guidée par votre intention. Alors demandez-lui, et elle vous répondra !

5. T'écouter tu sauras

Votre demande effectuée auprès de votre intuition, il faut prendre le temps d'écouter la réponse (même si celle-ci ne vous plaît pas). Ça peut paraître bête, mais faute d'une ligne directe (ce serait tellement plus simple, n'est-ce pas ?), l'intuition se manifeste bien souvent par des moyens détournés, et de multiples façons. Mais une chose est sûre : l'intuition passe systématiquement par le corps, alors écoutez-le et vous saurez !

6. Tes émotions tu accueilleras

On ne parle pas des émotions positives, celles-là, c'est plutôt simple, mais des autres. Qui aime se sentir triste ou stressée ? Pourtant, elles sont là pour vous aiguiller. Peut-être qu'une intuition est à l'origine de cette sensation. À défaut, elles sont tout aussi importantes puisqu'elles nous permettent de mieux nous connaître (là encore, un must have pour développer son intuition !).

7. La paranoïa tu éviteras

On a tous tendance à se faire des films, à prêter à une personne telle ou telle intention. Résultat, on fait fausse route. Alors, ne réfléchissez pas trop et revenez aux sources premières de votre intuition : votre ressenti.

8. Ton intuition tu ne jugeras pas

On n'a parfois aucune envie d'écouter son intuition. Tel ou tel choix risquerait de bouleverser notre vie à jamais, on n'a décidément pas envie de « voir » cette personne comme notre intuition aimerait qu'on la voie… Les exemples ne manquent pas. Mais rappelez-vous, l'intuition sait ce qui est bon pour vous. Donc, même si vraiment, vous n'en avez pas envie, gardez-la dans un coin de votre tête et revenez-y plus tard, lorsque vous serez prête. Dans tous les cas, vous restez maîtresse de vos choix et libre de suivre votre intuition, ou pas.

9. À te tromper tu t'autoriseras

L'intuition n'est pas une science exacte, et c'est tant mieux ! Vous allez pouvoir expérimenter, découvrir et perfectionner votre lecture de vous-même et de votre intuition. Alors, n'ayez pas peur et osez !

10. Ton intuition tu suivras

Cela demande du courage et de l'audace, mais on sait que vous en êtes capable. Suivez votre intuition, vous vous rapprocherez du meilleur de vous-même. Que demander de plus ? Alors, enfin, une intuitive girl accomplie tu deviendras !

Bibliographie

De la même auteure :

▷ DIGUET Linda, *Mon cahier Intuition*, Solar, 2021.

Articles

▷ DOMOGALA Sarah, THOOFT Lisette, « Dossier confiance en soi : 12 pages de conseils et d'inspiration », Happinez n° 36, septembre-octobre 2018, p. 41-52. Tous droits réservés. www.happinez.fr

▷ MARIJN JULIKA, « Ce que raconte votre visage : Chaque jour un peu plus soi-même », Happinez n° 50, juillet-août 2020, p. 110-115. Tous droits réservés. www.happinez.fr

▷ MAZELIN SALVI Flavia, « Cinq recettes de bains pour plonger dans la sérénité », Psychologies.com, 22 décembre 2020. https://www.psychologies.com

▷ RHIYOURHI Lila, « Les pouvoirs sacrés de vos cheveux », Open Mind n° 26, décembre 2021-janvier 2022, p. 66-67.

▷ THOOFT Lisette, « Le club des âmes sœurs : Comment en devenir membre ? », Happinez n° 37, novembre-décembre 2018, p. 68-72. Tous droits réservés. www.happinez.fr

▷ Psychologies Hors-Série Bien-être n° 2, *Les clés de l'épanouissement personnel*, juillet-août 2020.

Livres

▷ D'AMÉCOURT RATHLE Catherine, *Lire dans les mains à livre ouvert*, Presses du Châtelet, 2021.

▷ ANSELME Carine, FRANÇOIS Eve, *Abécédaire de la méditation*, Prat Editions, 2015.

▷ BALLONAD ROLLAND Diane, *Slow working*, Vuibert, 2020.

▷ BERGER Sioux, BRAVI Soledad, *Les Paresseuses : Mon défi détox*, Marabout, 2019.

▷ BODIN Daisy, BODIN Julie, *De l'intuition à la médiumnité*, Eyrolles, 2020.

▷ TOJA Olivia, BRAVI Soledad, *Les Paresseuses : Mon défi positive attitude*, Marabout, 2018.

▷ CAMERON Julia, *Libérez votre créativité*, J'ai Lu, 2007.

▷ CHOQUETTE Sonia, MACÉ Lilou, *Le Défi des 100 jours ! Cahier d'exercices pour développer votre intuition*, Guy Trédaniel, 2020.

▷ COLAS Sophie, *Être dans le flow grâce à la sophro*, Jouvence, 2020.

▷ FONTAINE Isabelle, *Développez votre intuition pour prendre de meilleures décisions*, Leduc S., 2013.

▷ GHYS Cindy, *J'arrête d'être parfaite !*, Eyrolles, 2018.

▷ MILLÊTRE Béatrice, *Réussir grâce à son intuition*, Payot, 2015.

▷ THALMANN Yves-Alexandre, *Le Décodeur des émotions*, First, 2013.

TEDx

▷ CSÍKSZENTMIHÁLYI Mihály, Flow, the secret to happiness. https://www.ted.com/talks/mihaly_csikszentmihalyi_flow_the_secret_to_happiness

▷ CUDDY Amy, Your body language may shape who you are. https://www.ted.com/talks/amy_cuddy_your_body_language_may_shape_who_you_are

Mon cahier Minceur
Mon cahier Minceur
Mon cahier Minceur
Ma grossesse et moi
Mon bébé et moi
Mon cahier Ventre plat
Spécial hommes
Mon cahier Ventre plat
Mon cahier La drague et moi
Mon cahier Le sexe et moi
Mon cahier 100% anti-âge
Mon cahier Détox
Mon cahier Yoga
Mon cahier Running
Mon cahier Abdos-fessiers
Mon cahier Veggie
Mon cahier Mon dressing idéal
Mon cahier Brûle-graisse
Mon cahier Pensée positive
Mon cahier Anti-stress
Mon cahier Forme et minceur après bébé
Mon cahier Régime paléo
Mon cahier Pilates
Mon cahier Beauté
Mon cahier Digital détox
Mon cahier Stop au sucre
Mon cahier Sans gluten
Mon cahier Fitness
Mon cahier Mincir avec la médecine chinoise
Mon cahier Yoga détox
Mon cahier Aquafitness
Mon cahier Beach body
Mon cahier Green détox
Mon cahier Body training
Mon cahier Régime tout cru
Mon cahier Méditation
Mon cahier Huiles essentielles
Mon cahier Boxe training
Mon cahier Mon chat & moi
Mon cahier Rangement feel good
Mon cahier Trail running
Mon cahier Yoga méditation
Mon cahier Soft fitness
Mon cahier Body minceur
Mon cahier Hair beauty
Mon cahier Jolie peau
Mon cahier Fitness food
Mon cahier Danse pilates
Mon cahier Hygge happy thérapie
Mon cahier Yoga sculpt
Mon cahier Tatouage
Mon cahier Yoga flow
Mon cahier Obstacle training
Mon cahier Perfect timing
Mon cahier Super organisée
Mon cahier Mon bullet agenda
Mon cahier Bullet agenda
Mon cahier Minceur healthy
Mon cahier Minceur zéro sucre
Mon cahier Stop smoking
Mon cahier Ayurveda
Mon cahier Vélo training
Mon cahier Défi voyage solo
Mon cahier HIIT
Mon cahier Cristal power
Mon cahier Macadam training
Mon cahier Minceur
Mon cahier Mes 100 modèles bullet agenda
Mon cahier Bain de forêt
Mon cahier Attitude body positive
Mon cahier Pilates intensif
Mon cahier Pilates booty
Mon cahier Rituel power
Mon cahier Lune
Mon cahier Massage
Mon cahier Ikigai
Mon cahier Objectif minceur en 12 semaines
Mon cahier Mariage
Mon cahier Green power
Mon cahier Sophro
Mon cahier Objectif zéro sucre en 12 semaines
Mon cahier Pilates minceur

Rituels Feel Good

LES BEAUTIFUL GIRLS,
C'EST TOUTE UNE COMMUNAUTÉ !
Retrouvez plein de bonus, de conseils feel good,
des recettes, des trainings,
et des actus tendance **MADE BY MON CAHIER !**

Un lieu rien que pour vous :
gsso-lxkhedhrad`tshetk-eq

Une communauté de filles stylées :
VOUS DÉCHIREZ
lxkhedhrad`tshetk-eq lxkhedhrad`tshetk-eq

Direction : Jean-Louis Hocq
Direction éditoriale : Marion Guillemet-Bigeard
Édition : Gwladys Greusard
Correction : Véronique Badin
Conception et mise en couleur de la couverture : Stéphanie Brepson
Maquette et illustrations intérieures : Sophie Delannoy
Mise en pages : Nord Compo
Fabrication : Laurence Duboscq

FSC www.fsc.org MIXTE Papier issu de sources responsables FSC® C003309

ISBN : 978-2-263-17833-7
Code éditeur : L17833
Dépôt légal : septembre 2022

Imprimé en France par Clerc
94, rue de la Brasserie, 18200 Saint-Amand-Montrond

SolarEditions
solar_editions

mylifeisbeautiful.fr
mylifeisbeautiful.fr

http://www.mylifeisbeautiful.fr/

Solar, un département d'édi8
92, avenue de France
75013 Paris